TRANZLATY

La Langue est pour tout le Monde

Bahasa adalah untuk semua orang

Le Manifeste Communiste

Manifesto Komunis

Karl Marx
&
Friedrich Engels

Français / Bahasa Melayu

Published by Tranzlaty
ISBN: 978-1-80572-370-7
Original text by Karl Marx and Friedrich Engels
The Communist Manifesto
First published in 1848
www.tranzlaty.com

Introduction
Pengenalan

Un spectre hante l'Europe : le spectre du communisme

Hantu menghantui Eropah - hantu Komunisme

Toutes les puissances de la vieille Europe ont conclu une sainte alliance pour exorciser ce spectre

Semua Kuasa Eropah lama telah memasuki pakatan suci untuk mengusir hantu ini

Le pape et le tsar, Metternich et Guizot, les radicaux français et les espions de la police allemande

Paus dan Tsar, Metternich dan Guizot, Radikal Perancis dan pengintip polis Jerman

Où est le parti dans l'opposition qui n'a pas été décrié comme communiste par ses adversaires au pouvoir ?

Di manakah parti pembangkang yang tidak dikecam sebagai Komunis oleh lawannya yang berkuasa?

Où est l'opposition qui n'a pas rejeté le reproche de marque du communisme contre les partis d'opposition les plus avancés ?

Di manakah pembangkang yang tidak melemparkan kembali celaan penjenamaan Komunisme, terhadap parti pembangkang yang lebih maju?

Et où est le parti qui n'a pas porté l'accusation contre ses adversaires réactionnaires ?

Dan di manakah parti yang tidak membuat tuduhan terhadap musuh-musuhnya yang reaksioner?

Deux choses résultent de ce fait

Dua perkara terhasil daripada fakta ini

I. Le communisme est déjà reconnu par toutes les puissances européennes comme étant lui-même une puissance

I. Komunisme sudah diakui oleh semua Kuasa Eropah sebagai Kuasa itu sendiri

II. Il est grand temps que les communistes publient ouvertement, à la face du monde entier, leurs vues, leurs buts et leurs tendances

II. Sudah tiba masanya Komunis harus secara terbuka, di hadapan seluruh dunia, menerbitkan pandangan, matlamat dan kecenderungan mereka

ils doivent répondre à ce conte enfantin du spectre du communisme par un manifeste du parti lui-même

mereka mesti memenuhi kisah kanak-kanak Hantu Komunisme ini dengan Manifesto parti itu sendiri

À cette fin, des communistes de diverses nationalités se sont réunis à Londres et ont esquissé le manifeste suivant

Untuk tujuan ini, Komunis dari pelbagai bangsa telah berkumpul di London dan melakar Manifesto berikut

ce manifeste sera publié en anglais, français, allemand, italien, flamand et danois

manifesto ini akan diterbitkan dalam bahasa Inggeris, Perancis, Jerman, Itali, Flemish dan Denmark

Et maintenant, il doit être publié dans toutes les langues proposées par Tranzlaty

Dan kini ia akan diterbitkan dalam semua bahasa yang ditawarkan oleh Tranzlaty

Les bourgeois et les prolétaires
Borjuis dan Proletar
L'histoire de toutes les sociétés qui ont existé jusqu'à présent est l'histoire des luttes de classes
Sejarah semua masyarakat yang sedia ada sehingga kini adalah sejarah perjuangan kelas
Homme libre et esclave, patricien et plébéien, seigneur et serf, maître de guilde et compagnon
Orang bebas dan hamba, bangsawan dan plebeian, tuan dan hamba, ketua persatuan dan pengembara
en un mot, oppresseur et opprimé
dalam satu perkataan, penindas dan tertindas
Ces classes sociales étaient en opposition constante les unes avec les autres
kelas-kelas sosial ini sentiasa bertentangan antara satu sama lain
Ils se sont battus sans interruption. Maintenant caché, maintenant ouvert
mereka meneruskan perjuangan tanpa gangguan. Kini tersembunyi, kini dibuka
un combat qui s'est terminé par une reconstitution révolutionnaire de la société dans son ensemble
perjuangan yang sama ada berakhir dengan perlembagaan semula masyarakat yang revolusioner secara amnya
ou un combat qui s'est terminé par la ruine commune des classes en lutte
atau pergaduhan yang berakhir dengan kehancuran bersama kelas-kelas yang bersaing
Jetons un coup d'œil aux époques antérieures de l'histoire
Mari kita lihat kembali kepada zaman sejarah yang terdahulu
Nous trouvons presque partout un arrangement compliqué de la société en divers ordres
kita dapati hampir di mana-mana susunan masyarakat yang rumit ke dalam pelbagai susunan
Il y a toujours eu une gradation multiple du rang social

sentiasa ada penggredan kedudukan sosial yang bermacam-macam

Dans la Rome antique, nous avons des patriciens, des chevaliers, des plébéiens, des esclaves

Di Rom purba kita mempunyai bangsawan, kesatria, plebeian, hamba

au Moyen Âge : seigneurs féodaux, vassaux, maîtres de corporation, compagnons, apprentis, serfs

pada Zaman Pertengahan: tuan-tuan feudal, pengikut, tuan persatuan, pengembara, perantis, hamba

Dans presque toutes ces classes, encore une fois, les gradations subordonnées

Dalam hampir semua kelas ini, sekali lagi, penggredan bawahan

La société bourgeoise moderne est née des ruines de la société féodale

Masyarakat Borjuasi moden telah tumbuh dari runtuhan masyarakat feudal

Mais ce nouvel ordre social n'a pas fait disparaître les antagonismes de classe

Tetapi tatanan sosial baru ini tidak menghapuskan antagonisme kelas

Elle n'a fait qu'établir de nouvelles classes et de nouvelles conditions d'oppression

Ia telah menubuhkan kelas baru dan keadaan penindasan baru

Il a mis en place de nouvelles formes de lutte à la place des anciennes

ia telah menubuhkan bentuk-bentuk perjuangan baru menggantikan yang lama

Cependant, l'époque dans laquelle nous nous trouvons possède un trait distinctif

Walau bagaimanapun, zaman yang kita dapati mempunyai satu ciri tersendiri

l'époque de la bourgeoisie a simplifié les antagonismes de classe

zaman Borjuasi telah memudahkan antagonisme kelas

La société dans son ensemble se divise de plus en plus en deux grands camps hostiles

Masyarakat secara keseluruhan semakin berpecah kepada dua kem bermusuhan yang besar

deux grandes classes sociales qui se font directement face : la bourgeoisie et le prolétariat

dua kelas sosial yang hebat berhadapan secara langsung antara satu sama lain: Borjuasi dan Proletariat

Des serfs du Moyen Âge sont sortis les bourgeois agréés des premières villes

Dari hamba Zaman Pertengahan muncul penduduk bertauliah bandar-bandar terawal

C'est à partir de ces bourgeois que se sont développés les premiers éléments de la bourgeoisie

Daripada burgesses ini unsur-unsur pertama Borjuasi telah dibangunkan

La découverte de l'Amérique et le contournement du Cap

Penemuan Amerika dan pembulatan Cape

ces événements ont ouvert un nouveau terrain à la bourgeoisie montante

peristiwa-peristiwa ini membuka landasan baru untuk Borjuasi yang semakin meningkat

Les marchés des Indes orientales et de la Chine, la colonisation de l'Amérique, le commerce avec les colonies

Pasaran Hindia Timur dan Cina, penjajahan Amerika, berdagang dengan tanah jajahan

l'augmentation des moyens d'échange et des marchandises en général

peningkatan dalam cara pertukaran dan komoditi secara amnya

Ces événements donnèrent au commerce, à la navigation et à l'industrie une impulsion jamais connue jusque-là

Peristiwa-peristiwa ini memberi kepada perdagangan, navigasi, dan industri dorongan yang tidak pernah diketahui sebelum ini

Elle a donné un développement rapide à l'élément révolutionnaire dans la société féodale chancelante
ia memberi perkembangan pesat kepada unsur revolusioner dalam masyarakat feudal yang terhuyung-huyung
Les guildes fermées avaient monopolisé le système féodal de la production industrielle
Persatuan tertutup telah memonopoli sistem feudal pengeluaran perindustrian
Mais cela ne suffisait plus aux besoins croissants des nouveaux marchés
Tetapi ini tidak lagi mencukupi untuk keperluan pasaran baharu yang semakin meningkat
Le système manufacturier a pris la place du système féodal de l'industrie
Sistem pembuatan menggantikan sistem industri feudal
Les maîtres de guilde étaient poussés d'un côté par la classe moyenne manufacturière
Tuan persatuan ditolak di satu pihak oleh kelas pertengahan pembuatan
La division du travail entre les différentes corporations a disparu
Pembahagian kerja antara persatuan korporat yang berbeza lenyap
La division du travail s'infiltrait dans chaque atelier
Pembahagian kerja menembusi setiap bengkel tunggal
Pendant ce temps, les marchés ne cessaient de croître et la demande ne cessait d'augmenter
Sementara itu, pasaran terus berkembang, dan permintaan semakin meningkat
Même les usines ne suffisaient plus à répondre à la demande
Malah kilang-kilang tidak lagi mencukupi untuk memenuhi permintaan
À partir de là, la vapeur et les machines ont révolutionné la production industrielle

Selepas itu, wap dan jentera merevolusikan pengeluaran perindustrian

La place de fabrication a été prise par le géant de l'industrie moderne

Tempat pembuatan diambil oleh gergasi, Industri Moden

La place de la classe moyenne industrielle a été prise par des millionnaires industriels

Tempat kelas menengah perindustrian diambil oleh jutawan industri

la place de chefs d'armées industrielles entières ont été prises par la bourgeoisie moderne

tempat pemimpin seluruh tentera perindustrian telah diambil oleh Borjuasi moden

la découverte de l'Amérique a ouvert la voie à l'industrie moderne pour établir le marché mondial

penemuan Amerika membuka jalan kepada industri moden untuk menubuhkan pasaran dunia

Ce marché donna un immense développement au commerce, à la navigation et aux communications par terre

Pasaran ini memberikan perkembangan yang besar kepada perdagangan, navigasi, dan komunikasi melalui darat

Cette évolution a, en son temps, réagi à l'extension de l'industrie

Perkembangan ini, pada masanya, telah bertindak balas terhadap peluasan industri

elle a réagi proportionnellement à l'expansion de l'industrie et à l'extension du commerce, de la navigation et des chemins de fer

ia bertindak balas mengikut perkadaran bagaimana industri diperluaskan, dan bagaimana perdagangan, navigasi dan kereta api diperluaskan

dans la même proportion que la bourgeoisie s'est développée, elle a augmenté son capital

dalam bahagian yang sama yang dibangunkan oleh Borjuasi, mereka meningkatkan modal mereka

et la bourgeoisie a relégué à l'arrière-plan toutes les classes héritées du Moyen Âge

dan Borjuasi menolak ke latar belakang setiap kelas yang diturunkan dari Zaman Pertengahan

c'est pourquoi la bourgeoisie moderne est elle-même le produit d'un long développement

oleh itu Borjuasi moden itu sendiri adalah hasil daripada perjalanan pembangunan yang panjang

On voit qu'il s'agit d'une série de révolutions dans les modes de production et d'échange

kita melihat ia adalah satu siri revolusi dalam mod pengeluaran dan pertukaran

Chaque étape du développement de la bourgeoisie s'accompagnait d'une avancée politique correspondante

Setiap langkah Borjuasi pembangunan disertai dengan kemajuan politik yang sepadan

Une classe opprimée sous l'emprise de la noblesse féodale

Kelas yang tertindas di bawah pengaruh bangsawan feudal

Une association armée et autonome dans la commune médiévale

sebuah persatuan bersenjata dan pemerintahan sendiri di komune zaman pertengahan

ici, une république urbaine indépendante (comme en Italie et en Allemagne)

di sini, sebuah republik bandar yang merdeka (seperti di Itali dan Jerman)

là, un « tiers état » imposable de la monarchie (comme en France)

di sana, "estet ketiga" monarki yang boleh dikenakan cukai (seperti di Perancis)

par la suite, dans la période de fabrication proprement dite

selepas itu, dalam tempoh pembuatan yang betul

la bourgeoisie servait soit la monarchie semi-féodale, soit la monarchie absolue

Borjuasi berkhidmat sama ada monarki separa feudal atau mutlak

ou bien la bourgeoisie faisait contrepoids à la noblesse

atau Borjuasi bertindak sebagai penentang terhadap golongan bangsawan

et, en fait, la bourgeoisie était une pierre angulaire des grandes monarchies en général

dan, sebenarnya, Borjuasi adalah batu penjuru monarki besar secara amnya

mais l'industrie moderne et le marché mondial se sont établis depuis lors

tetapi Industri Moden dan pasaran dunia menubuhkan dirinya sejak itu

et la bourgeoisie s'est emparée de l'emprise politique exclusive

dan Borjuasi telah menakluki untuk dirinya sendiri pengaruh politik eksklusif

elle a obtenu cette influence politique à travers l'État représentatif moderne

ia mencapai pengaruh politik ini melalui Negara perwakilan moden

Les exécutifs de l'État moderne ne sont qu'un comité de gestion

Eksekutif Negara moden hanyalah sebuah jawatankuasa pengurusan

et ils gèrent les affaires communes de toute la bourgeoisie

dan mereka menguruskan hal ehwal bersama seluruh Borjuasi

La bourgeoisie, historiquement, a joué un rôle des plus révolutionnaires

Borjuasi, dari segi sejarah, telah memainkan peranan yang paling revolusioner

Partout où elle a pris le dessus, elle a mis fin à toutes les relations féodales, patriarcales et idylliques

di mana sahaja ia mendapat kelebihan, ia menamatkan semua hubungan feudal, patriarki, dan indah

Elle a impitoyablement déchiré les liens féodaux hétéroclites qui liaient l'homme à ses « supérieurs naturels » .

Ia telah merobek tanpa belas kasihan hubungan feudal beraneka ragam yang mengikat manusia dengan "atasan semula jadi"

et il n'y a plus de lien entre l'homme et l'homme, si ce n'est l'intérêt personnel

dan ia telah meninggalkan tiada hubungan antara manusia dan manusia, selain daripada kepentingan diri yang telanjang

Les relations de l'homme entre eux ne sont plus qu'un « paiement en espèces » impitoyable

hubungan manusia antara satu sama lain telah menjadi tidak lebih daripada "pembayaran tunai" yang tidak berperasaan

Elle a noyé les extases les plus célestes de la ferveur religieuse

Ia telah menenggelamkan kegembiraan keagamaan yang paling syurga

elle a noyé l'enthousiasme chevaleresque et le sentimentalisme philistin

ia telah menenggelamkan semangat kesatria dan sentimentalisme filistin

Il a noyé ces choses dans l'eau glacée du calcul égoïste

ia telah menenggelamkan perkara-perkara ini dalam air berais pengiraan egois

Il a transformé la valeur personnelle en valeur échangeable

Ia telah menyelesaikan nilai peribadi kepada nilai yang boleh ditukar

elle a remplacé les innombrables et inaliénables libertés garanties par la Charte

ia telah menggantikan kebebasan bertauliah yang tidak terkira dan tidak dapat dinafikan

et il a mis en place une liberté unique et inadmissible ; Libre-échange

dan ia telah menubuhkan kebebasan tunggal yang tidak masuk akal; Perdagangan Bebas

En un mot, il l'a fait pour l'exploitation

Dalam satu perkataan, ia telah melakukan ini untuk eksploitasi

Une exploitation voilée par des illusions religieuses et politiques
eksploitasi yang diselubungi oleh ilusi agama dan politik
l'exploitation voilée par une exploitation nue, éhontée, directe, brutale
eksploitasi terselubung oleh eksploitasi telanjang, tidak tahu malu, langsung, kejam
la bourgeoisie a enlevé l'auréole de toutes les occupations jusque-là honorées et vénérées
Borjuasi telah menanggalkan lingkaran cahaya dari setiap pekerjaan yang dihormati dan dihormati sebelum ini
le médecin, l'avocat, le prêtre, le poète et l'homme de science
doktor, peguam, imam, penyair, dan ahli sains
Il a converti ces travailleurs distingués en ses travailleurs salariés
ia telah menukar pekerja terkemuka ini kepada buruh upah bergaji
La bourgeoisie a déchiré le voile sentimental de la famille
Borjuasi telah merobek tudung sentimental daripada keluarga
et elle a réduit la relation familiale à une simple relation d'argent
dan ia telah mengurangkan hubungan keluarga kepada hubungan wang semata-mata
la brutale démonstration de vigueur au Moyen Âge que les réactionnaires admirent tant
paparan kekuatan yang kejam pada Zaman Pertengahan yang sangat dikagumi oleh Reaksionis
Même cela a trouvé son complément approprié dans l'indolence la plus paresseuse
walaupun ini mendapati pelengkapnya yang sesuai dalam kemalasan yang paling malas
La bourgeoisie a révélé comment tout cela s'est passé
Borjuasi telah mendedahkan bagaimana semua ini berlaku
La bourgeoisie a été la première à montrer ce que l'activité de l'homme peut produire

Borjuasi telah menjadi yang pertama menunjukkan apa yang boleh dibawa oleh aktiviti manusia

Il a accompli des merveilles surpassant de loin les pyramides égyptiennes, les aqueducs romains et les cathédrales gothiques

Ia telah mencapai keajaiban yang jauh melebihi piramid Mesir, saluran air Rom, dan katedral Gothic

et il a mené des expéditions qui ont mis dans l'ombre tous les anciens Exodes des nations et les croisades

dan ia telah menjalankan ekspedisi yang meletakkan di bawah naungan semua bekas Keluaran bangsa-bangsa dan perang salib

La bourgeoisie ne peut exister sans révolutionner sans cesse les instruments de production

Borjuasi tidak boleh wujud tanpa sentiasa merevolusikan instrumen pengeluaran

et par conséquent elle ne peut exister sans ses rapports à la production

dan dengan itu ia tidak boleh wujud tanpa hubungannya dengan pengeluaran

et donc elle ne peut exister sans ses relations avec la société

dan oleh itu ia tidak boleh wujud tanpa hubungannya dengan masyarakat

Toutes les classes industrielles antérieures avaient une condition en commun

Semua kelas perindustrian terdahulu mempunyai satu syarat yang sama

Ils s'appuyaient sur la conservation des anciens modes de production

mereka bergantung pada pemuliharaan mod pengeluaran lama

mais la bourgeoisie a apporté avec elle une dynamique tout à fait nouvelle

tetapi Borjuasi membawa bersamanya dinamik yang sama sekali baru

Révolution constante de la production et perturbation ininterrompue de toutes les conditions sociales

Revolusi berterusan pengeluaran dan gangguan tanpa gangguan semua keadaan sosial

cette incertitude et cette agitation perpétuelles distinguent l'époque bourgeoise de toutes les époques antérieures

ketidakpastian dan pergolakan yang kekal ini membezakan zaman Borjuasi daripada semua zaman terdahulu

Les relations antérieures avec la production s'accompagnaient de préjugés et d'opinions anciens et vénérables

hubungan terdahulu dengan pengeluaran datang dengan prasangka dan pendapat kuno dan dihormati

Mais toutes ces relations figées et figées sont balayées d'un revers de main

tetapi semua hubungan yang tetap dan cepat beku ini dihanyutkan

Toutes les relations nouvellement formées deviennent archaïques avant de pouvoir s'ossifier

semua hubungan yang baru terbentuk menjadi lapuk sebelum ia boleh mengeras

Tout ce qui est solide se fond dans l'air, et tout ce qui est saint est profané

Semua yang pepejal cair ke udara, dan semua yang suci dicemari

L'homme est enfin forcé de faire face, avec des sens sobres, à ses conditions réelles de vie

Manusia akhirnya terpaksa menghadapi dengan deria yang sedar, keadaan sebenar kehidupannya

et il est obligé de faire face à ses relations avec les siens

dan dia terpaksa menghadapi hubungannya dengan jenisnya

La bourgeoisie a constamment besoin d'élargir ses marchés pour ses produits

Borjuasi sentiasa perlu mengembangkan pasarannya untuk produknya

et, à cause de cela, la bourgeoisie est poursuivie sur toute la surface du globe

dan, kerana ini, Borjuasi dikejar di seluruh permukaan dunia

La bourgeoisie doit se nicher partout, s'installer partout, établir des liens partout

Borjuasi mesti bersarang di mana-mana, menetap di mana-mana, mewujudkan hubungan di mana-mana

La bourgeoisie doit créer des marchés dans tous les coins du monde pour exploiter

Borjuasi mesti mewujudkan pasaran di setiap pelosok dunia untuk mengeksploitasi

La production et la consommation dans tous les pays ont reçu un caractère cosmopolite

pengeluaran dan penggunaan di setiap negara telah diberi watak kosmopolitan

le chagrin des réactionnaires est palpable, mais il s'est poursuivi malgré tout

kekecewaan Reaksionis dapat dirasai, tetapi ia telah berterusan tanpa mengira

La bourgeoisie a tiré de dessous les pieds de l'industrie le terrain national sur lequel elle se trouvait

Borjuasi telah menarik dari bawah kaki industri tanah negara di mana ia berdiri

Toutes les anciennes industries nationales ont été détruites, ou sont détruites chaque jour

semua industri negara yang lama ditubuhkan telah musnah, atau setiap hari dimusnahkan

Toutes les anciennes industries nationales sont délogées par de nouvelles industries

Semua industri negara yang lama ditubuhkan disingkirkan oleh industri baru

Leur introduction devient une question de vie ou de mort pour toutes les nations civilisées

pengenalan mereka menjadi persoalan hidup dan mati bagi semua negara bertamadun

Ils sont délogés par les industries qui ne travaillent plus la matière première indigène

mereka disingkirkan oleh industri yang tidak lagi menggunakan bahan mentah asli

Au lieu de cela, ces industries extraient des matières premières des zones les plus reculées

sebaliknya, industri ini menarik bahan mentah dari zon terpencil

dont les produits sont consommés, non seulement chez nous, mais dans tous les coins du monde

industri yang produknya digunakan, bukan sahaja di rumah, tetapi di setiap suku dunia

À la place des anciens besoins, satisfaits par les productions du pays, nous trouvons de nouveaux besoins

Sebagai ganti kehendak lama, berpuas hati dengan pengeluaran negara, kita dapati kehendak baru

Ces nouveaux besoins exigent pour leur satisfaction les produits des pays et des climats lointains

kehendak baru ini memerlukan untuk kepuasan mereka produk tanah dan iklim yang jauh

À la place de l'ancien isolement et de l'autosuffisance locaux et nationaux, nous avons le commerce

Sebagai ganti pengasingan dan sara diri tempatan dan kebangsaan yang lama, kami mempunyai perdagangan

les échanges internationaux dans toutes les directions ; l'interdépendance universelle des nations

pertukaran antarabangsa dalam setiap arah; Kebergantungan sejagat negara

Et de même que nous sommes dépendants des matériaux, nous sommes dépendants de la production intellectuelle

dan sama seperti kita mempunyai kebergantungan kepada bahan, begitu juga kita bergantung kepada pengeluaran intelektual

Les créations intellectuelles des nations individuelles deviennent la propriété commune

Ciptaan intelektual setiap negara menjadi harta bersama

L'unilatéralité nationale et l'étroitesse d'esprit deviennent de plus en plus impossibles
Keberat sebelah dan fikiran sempit negara menjadi semakin mustahil

et des nombreuses littératures nationales et locales, surgit une littérature mondiale
dan daripada banyak kesusasteraan kebangsaan dan tempatan, timbul kesusasteraan dunia

par l'amélioration rapide de tous les instruments de production
dengan peningkatan pesat semua instrumen pengeluaran

par les moyens de communication immensément facilités
dengan cara komunikasi yang sangat dipermudahkan

La bourgeoisie entraîne tout le monde (même les nations les plus barbares) dans la civilisation
Borjuasi menarik semua (walaupun negara yang paling biadab) ke dalam tamadun

Les prix bon marché de ses marchandises ; l'artillerie lourde qui abat toutes les murailles chinoises
Harga murah komoditinya; artileri berat yang menghantam semua tembok China

La haine obstinée des barbares contre les étrangers est forcée de capituler
kebencian orang barbar yang sangat degil terhadap orang asing terpaksa menyerah kalah

Elle oblige toutes les nations, sous peine d'extinction, à adopter le mode de production bourgeois
Ia memaksa semua negara, atas kesakitan kepupusan, untuk mengamalkan cara pengeluaran Borjuasi

elle les oblige à introduire ce qu'elle appelle la civilisation en leur sein
ia memaksa mereka untuk memperkenalkan apa yang dipanggil tamadun ke tengah-tengah mereka

La bourgeoisie force les barbares à devenir eux-mêmes bourgeois

Borjuasi memaksa orang barbar untuk menjadi Borjuasi
sendiri

en un mot, la bourgeoisie crée un monde à son image
dalam satu perkataan, Borjuasi mencipta dunia mengikut
imejnya sendiri

La bourgeoisie a soumis les campagnes à la domination des villes
Borjuasi telah menundukkan kawasan luar bandar kepada
pemerintahan bandar-bandar

Il a créé d'énormes villes et considérablement augmenté la population urbaine
Ia telah mewujudkan bandar-bandar besar dan meningkatkan
penduduk bandar dengan ketara

Il a sauvé une partie considérable de la population de l'idiotie de la vie rurale
ia menyelamatkan sebahagian besar penduduk daripada
kebodohan kehidupan luar bandar

mais elle a rendu les ruraux dépendants des villes
tetapi ia telah menjadikan mereka yang berada di luar bandar
bergantung kepada bandar-bandar

et de même, elle a rendu les pays barbares dépendants des pays civilisés
dan begitu juga, ia telah menjadikan negara-negara biadab
bergantung kepada negara-negara bertamadun

nations paysannes sur nations bourgeoises, l'Orient sur Occident
bangsa-bangsa petani di negara-negara Borjuasi, Timur di
Barat

La bourgeoisie se débarrasse de plus en plus de l'éparpillement de la population
Borjuasi menghapuskan keadaan penduduk yang bertaburan
semakin banyak

Il a une production agglomérée et a concentré la propriété entre quelques mains
Ia mempunyai pengeluaran yang terkumpul, dan mempunyai
harta tertumpu di beberapa tangan

La conséquence nécessaire de cela a été la centralisation politique

Akibat yang diperlukan daripada ini ialah pemusatan politik

Il y avait eu des nations indépendantes et des provinces vaguement reliées entre elles

Terdapat negara merdeka dan wilayah yang bersambung longgar

Ils avaient des intérêts, des lois, des gouvernements et des systèmes d'imposition distincts

mereka mempunyai kepentingan, undang-undang, kerajaan dan sistem percukaian yang berasingan

Mais ils ont été regroupés en une seule nation, avec un seul gouvernement

tetapi mereka telah disatukan menjadi satu negara, dengan satu kerajaan

Ils ont maintenant un intérêt de classe national, une frontière et un tarif douanier

mereka kini mempunyai satu kepentingan kelas nasional, satu sempadan dan satu tarif kastam

Et cet intérêt de classe national est unifié sous un seul code de loi

dan kepentingan kelas nasional ini disatukan di bawah satu kod undang-undang

la bourgeoisie a accompli beaucoup de choses au cours de son règne d'à peine cent ans

Borjuasi telah mencapai banyak perkara semasa pemerintahannya yang terhad seratus tahun

forces productives plus massives et plus colossales que toutes les générations précédentes réunies

kuasa produktif yang lebih besar dan besar daripada semua generasi sebelumnya bersama-sama

Les forces de la nature sont soumises à la volonté de l'homme et de ses machines

Kuasa alam semula jadi ditaklukkan kepada kehendak manusia dan jenteranya

La chimie s'applique à toutes les formes d'industrie et à tous les types d'agriculture

Kimia digunakan untuk semua bentuk industri dan jenis pertanian

la navigation à vapeur, les chemins de fer, les télégraphes électriques et l'imprimerie

navigasi wap, kereta api, telegraf elektrik, dan mesin cetak

défrichement de continents entiers pour la culture, canalisation des rivières

pembersihan seluruh benua untuk penanaman, terusan sungai

Des populations entières ont été extirpées du sol et mises au travail

seluruh populasi telah disulap keluar dari tanah dan digunakan untuk bekerja

Quel siècle précédent avait ne serait-ce qu'un pressentiment de ce qui pourrait être déchaîné ?

Apakah abad awal yang mempunyai prasentimen tentang apa yang boleh dilepaskan?

Qui aurait prédit que de telles forces productives sommeillaient dans le giron du travail social ?

Siapa yang meramalkan bahawa kuasa produktif sedemikian tertidur di pangkuan buruh sosial?

Nous voyons donc que les moyens de production et d'échange ont été générés dans la société féodale

kita melihat bahawa alat pengeluaran dan pertukaran telah dijana dalam masyarakat feudal

les moyens de production sur la base desquels la bourgeoisie s'est construite

alat-alat pengeluaran di mana asasnya Borjuasi membina dirinya sendiri

À un certain stade du développement de ces moyens de production et d'échange

Pada peringkat tertentu dalam pembangunan alat pengeluaran dan pertukaran ini

les conditions dans lesquelles la société féodale produisait et échangeait

keadaan di mana masyarakat feudal menghasilkan dan bertukar

L'organisation féodale de l'agriculture et de l'industrie manufacturière

Pertubuhan Feudal Pertanian dan Industri Pembuatan

Les rapports féodaux de propriété n'étaient plus compatibles avec les conditions matérielles

hubungan feudal harta tidak lagi serasi dengan keadaan material

Ils devaient être brisés, alors ils ont été brisés

Mereka terpaksa pecah, jadi mereka pecah

À leur place s'est ajoutée la libre concurrence des forces productives

Ke tempat mereka melangkah persaingan bebas daripada kuasa produktif

et ils étaient accompagnés d'une constitution sociale et politique adaptée à celle-ci

dan mereka disertai dengan perlembagaan sosial dan politik yang disesuaikan dengannya

et elle s'accompagnait de l'emprise économique et politique de la classe bourgeoise

dan ia disertai dengan pengaruh ekonomi dan politik kelas Borjuasi

Un mouvement similaire est en train de se produire sous nos yeux

Pergerakan serupa sedang berlaku di hadapan mata kita sendiri

La société bourgeoise moderne avec ses rapports de production, d'échange et de propriété

Masyarakat Borjuasi moden dengan hubungan pengeluaran, dan pertukaran, dan harta benda

une société qui a inventé des moyens de production et d'échange aussi gigantesques

masyarakat yang telah memunculkan cara pengeluaran dan pertukaran yang begitu besar

C'est comme le sorcier qui a invoqué les puissances de l'au-delà

Ia seperti ahli sihir yang memanggil kuasa dunia bawah

Mais il n'est plus capable de contrôler ce qu'il a mis au monde

tetapi dia tidak lagi dapat mengawal apa yang telah dia bawa ke dunia

Pendant de nombreuses décennies, l'histoire a été liée par un fil conducteur

Selama sedekad yang lalu, sejarah telah diikat bersama oleh benang yang sama

L'histoire de l'industrie et du commerce n'a été que l'histoire des révoltes

Sejarah industri dan perdagangan hanyalah sejarah pemberontakan

Les révoltes des forces productives modernes contre les conditions modernes de production

pemberontakan kuasa produktif moden terhadap keadaan pengeluaran moden

Les révoltes des forces productives modernes contre les rapports de propriété

pemberontakan kuasa produktif moden terhadap hubungan harta

ces rapports de propriété sont les conditions de l'existence de la bourgeoisie

hubungan harta ini adalah syarat untuk kewujudan Borjuasi

et l'existence de la bourgeoisie détermine les règles des rapports de propriété

dan kewujudan Borjuasi menentukan peraturan untuk hubungan harta

Il suffit de mentionner le retour périodique des crises commerciales

Cukuplah untuk menyebut pengembalian krisis komersial secara berkala

chaque crise commerciale est plus menaçante pour la société bourgeoise que la précédente

setiap krisis komersial lebih mengancam masyarakat Borjuasi daripada yang terakhir

Dans ces crises, une grande partie des produits existants sont détruits

Dalam krisis ini, sebahagian besar produk sedia ada dimusnahkan

Mais ces crises détruisent aussi les forces productives créées précédemment

Tetapi krisis ini juga memusnahkan kuasa produktif yang dicipta sebelum ini

Dans toutes les époques antérieures, ces épidémies auraient semblé une absurdité

Dalam semua zaman terdahulu, wabak ini kelihatan tidak masuk akal

parce que ces épidémies sont les crises commerciales de la surproduction

kerana wabak ini adalah krisis komersial pengeluaran berlebihan

La société se trouve soudain remise dans un état de barbarie momentanée

Masyarakat tiba-tiba mendapati dirinya kembali ke dalam keadaan kebiadaban seketika

comme si une guerre universelle de dévastation avait coupé tous les moyens de subsistance

seolah-olah perang kemusnahan sejagat telah memotong setiap cara sara hidup

l'industrie et le commerce semblent avoir été détruits ; Et pourquoi ?

industri dan perdagangan nampaknya telah musnah; Dan mengapa?

Parce qu'il y a trop de civilisation et de moyens de subsistance

Kerana terdapat terlalu banyak tamadun dan cara sara hidup

et parce qu'il y a trop d'industrie et trop de commerce

dan kerana terdapat terlalu banyak industri, dan terlalu banyak perdagangan

Les forces productives à la disposition de la société ne développent plus la propriété bourgeoise

Kuasa produktif di pelupusan masyarakat tidak lagi membangunkan harta Borjuasi

au contraire, ils sont devenus trop puissants pour ces conditions, par lesquelles ils sont enchaînés

sebaliknya, mereka telah menjadi terlalu kuat untuk keadaan ini, yang mana mereka dibelenggu

dès qu'ils surmontent ces entraves, ils mettent le désordre dans toute la société bourgeoise

sebaik sahaja mereka mengatasi belenggu ini, mereka membawa kekacauan ke dalam seluruh masyarakat Borjuasi

et les forces productives mettent en danger l'existence de la propriété bourgeoise

dan kuasa produktif membahayakan kewujudan harta Borjuasi

Les conditions de la société bourgeoise sont trop étroites pour englober les richesses qu'elles créent

Keadaan masyarakat Borjuasi terlalu sempit untuk terdiri daripada kekayaan yang dicipta oleh mereka

Et comment la bourgeoisie surmonte-t-elle ces crises ?

Dan bagaimana Borjuasi mengatasi krisis ini?

D'une part, elle surmonte ces crises par la destruction forcée d'une masse de forces productives

Di satu pihak, ia mengatasi krisis ini dengan pemusnahan paksa jisim kuasa produktif

D'autre part, elle surmonte ces crises par la conquête de nouveaux marchés

Sebaliknya, ia mengatasi krisis ini dengan penaklukan pasaran baharu

et elle surmonte ces crises par l'exploitation plus poussée des anciennes forces productives

dan ia mengatasi krisis ini dengan eksploitasi yang lebih menyeluruh terhadap kuasa pengeluaran lama

C'est-à-dire en ouvrant la voie à des crises plus étendues et plus destructrices

Maksudnya, dengan membuka jalan kepada krisis yang lebih meluas dan lebih merosakkan

elle surmonte la crise en diminuant les moyens de prévention des crises

ia mengatasi krisis dengan mengurangkan cara di mana krisis dicegah

Les armes avec lesquelles la bourgeoisie a abattu le féodalisme sont maintenant retournées contre elle-même

Senjata-senjata yang digunakan oleh Borjuasi menumbangkan feudalisme ke tanah kini berpaling menentang dirinya sendiri

Mais non seulement la bourgeoisie a-t-elle forgé les armes qui lui apportent la mort

Tetapi bukan sahaja Borjuasi telah memalsukan senjata yang membawa kematian kepada dirinya sendiri

Il a également appelé à l'existence les hommes qui doivent manier ces armes

ia juga telah memanggil kewujudan lelaki yang akan menggunakan senjata itu

Et ces hommes sont la classe ouvrière moderne ; Ce sont les prolétaires

dan orang-orang ini adalah kelas pekerja moden; mereka adalah proletar

À mesure que la bourgeoisie se développe, le prolétariat se développe dans la même proportion

Dalam perkadaran seperti Borjuasi dibangunkan, dalam perkadaran yang sama Proletariat dibangunkan

La classe ouvrière moderne a développé une classe d'ouvriers

Kelas pekerja moden membangunkan kelas buruh

Cette classe d'ouvriers ne vit que tant qu'elle trouve du travail

Kelas buruh ini hidup hanya selagi mereka mendapat pekerjaan

et ils ne trouvent de travail qu'aussi longtemps que leur travail augmente le capital

dan mereka mencari kerja hanya selagi buruh mereka meningkatkan modal

Ces ouvriers, qui doivent se vendre à la pièce, sont une marchandise

Buruh-buruh ini, yang mesti menjual diri mereka sedikit demi sedikit, adalah komoditi

Ces ouvriers sont comme tous les autres articles de commerce

Buruh-buruh ini seperti setiap artikel perdagangan yang lain

et, par conséquent, ils sont exposés à toutes les vicissitudes de la concurrence

dan akibatnya mereka terdedah kepada semua perubahan persaingan

Ils doivent faire face à toutes les fluctuations du marché

Mereka perlu mengharungi semua turun naik pasaran

En raison de l'utilisation intensive des machines et de la division du travail

Disebabkan oleh penggunaan jentera yang meluas dan pembahagian kerja

Le travail des prolétaires a perdu tout caractère individuel

kerja proletariat telah kehilangan semua watak individu

et, par conséquent, le travail des prolétaires a perdu tout charme pour l'ouvrier

dan akibatnya, kerja proletar telah kehilangan semua daya tarikan bagi pekerja

Il devient un appendice de la machine, plutôt que l'homme qu'il était autrefois

Dia menjadi pelengkap mesin, dan bukannya lelaki seperti dulu

On n'exige de lui que l'habileté la plus simple, la plus monotone et la plus facile à acquérir

Hanya bakat yang paling mudah, membosankan, dan paling mudah diperoleh diperlukan daripadanya

Par conséquent, le coût de production d'un ouvrier est limité

Oleh itu, kos pengeluaran seorang pekerja adalah terhad

elle se limite presque entièrement aux moyens de subsistance dont il a besoin pour son entretien

ia terhad hampir sepenuhnya kepada cara sara hidup yang dia perlukan untuk nafkahnya

et elle est limitée aux moyens de subsistance dont il a besoin pour la propagation de sa race

dan ia terhad kepada cara sara hidup yang dia perlukan untuk penyebaran kaumnya

Mais le prix d'une marchandise, et par conséquent aussi du travail, est égal à son coût de production

Tetapi harga komoditi, dan oleh itu juga buruh, adalah sama dengan kos pengeluarannya

C'est pourquoi, à mesure que le travail répugnant augmente, le salaire diminue

Oleh itu, dalam perkadaran, apabila kejijikan kerja meningkat, gaji berkurangan

Bien plus, le caractère répugnant de son travail augmente à un rythme encore plus grand

Tidak, kejijikan karyanya meningkat pada kadar yang lebih tinggi

À mesure que l'utilisation des machines et la division du travail augmentent, le fardeau du labeur augmente également

apabila penggunaan jentera dan pembahagian kerja meningkat, begitu juga beban kerja keras

La charge de travail est augmentée par la prolongation du temps de travail

Beban kerja keras ditingkatkan dengan memanjangkan waktu bekerja

On attend plus de l'ouvrier dans le même temps qu'auparavant

lebih banyak diharapkan daripada buruh dalam masa yang sama seperti sebelum ini

Et bien sûr, le poids du labeur est augmenté par la vitesse de la machine

dan sudah tentu beban kerja keras ditingkatkan dengan kelajuan jentera

L'industrie moderne a transformé le petit atelier du maître patriarcal en la grande usine du capitaliste industriel

Industri moden telah menukar bengkel kecil tuan patriarki menjadi kilang besar kapitalis perindustrian

Des masses d'ouvriers, entassés dans l'usine, s'organisent comme des soldats

Massa buruh, bersesak ke dalam kilang, diatur seperti askar

En tant que simples soldats de l'armée industrielle, ils sont placés sous le commandement d'une hiérarchie parfaite d'officiers et de sergents

Sebagai persendirian tentera perindustrian, mereka diletakkan di bawah perintah hierarki pegawai dan sarjan yang sempurna

ils ne sont pas seulement les esclaves de la classe bourgeoise et de l'État

mereka bukan sahaja hamba kelas Borjuasi dan Negara

Mais ils sont aussi asservis quotidiennement et d'heure en heure par la machine

tetapi mereka juga diperhambakan setiap hari dan setiap jam oleh mesin

ils sont asservis par le surveillant, et surtout par le fabricant bourgeois lui-même

mereka diperhambakan oleh pemerhati, dan, di atas semua, oleh pengilang Borjuasi individu itu sendiri

Plus ce despotisme proclame ouvertement que le gain est sa fin et son but, plus il est mesquin, plus haïssable et plus aigri

Semakin terbuka despotisme ini mengisytiharkan keuntungan sebagai akhir dan matlamatnya, semakin kecil, semakin benci dan semakin pahit

Plus l'industrie moderne se développe, moins les différences entre les sexes sont grandes

semakin industri moden menjadi maju, semakin kecil perbezaan antara jantina

Moins le travail manuel exige d'habileté et d'effort de force, plus le travail des hommes est supplanté par celui des femmes

Semakin kurang kemahiran dan usaha kekuatan yang tersirat dalam buruh manual, semakin banyak buruh lelaki digantikan oleh buruh wanita

Les différences d'âge et de sexe n'ont plus de validité sociale distincte pour la classe ouvrière

Perbezaan umur dan jantina tidak lagi mempunyai kesahihan sosial yang tersendiri untuk kelas pekerja

Tous sont des instruments de travail, plus ou moins coûteux à utiliser, selon leur âge et leur sexe

Semua adalah alat buruh, lebih kurang mahal untuk digunakan, mengikut umur dan jantina mereka

dès que l'ouvrier reçoit son salaire en espèces, il est attaqué par les autres parties de la bourgeoisie

sebaik sahaja buruh menerima upahnya secara tunai, daripada dia ditetapkan oleh bahagian-bahagian Borjuasi yang lain

le propriétaire, le commerçant, le prêteur sur gages, etc

tuan tanah, penjaga kedai, pajak gadai, dll

Les couches inférieures de la classe moyenne ; les petits commerçants et les commerçants

Lapisan bawah kelas pertengahan; peniaga kecil orang dan pekedai

les commerçants retraités en général, et les artisans et les paysans

peniaga yang telah bersara secara amnya, dan tukang tangan dan petani

tout cela s'enfonce peu à peu dans le prolétariat

semua ini tenggelam secara beransur-ansur ke dalam Proletariat

en partie parce que leur petit capital ne suffit pas à l'échelle sur laquelle l'industrie moderne est exercée

sebahagiannya kerana modal kecil mereka tidak mencukupi untuk skala di mana Industri Moden dijalankan

et parce qu'elle est submergée par la concurrence avec les grands capitalistes

dan kerana ia dibanjiri dalam persaingan dengan kapitalis besar

en partie parce que leur savoir-faire spécialisé est rendu sans valeur par les nouvelles méthodes de production

sebahagiannya kerana kemahiran khusus mereka menjadi tidak bernilai oleh kaedah pengeluaran baru

Ainsi le prolétariat se recrute dans toutes les classes de la population

Oleh itu, Proletariat direkrut daripada semua kelas penduduk

Le prolétariat passe par différents stades de développement

Proletariat melalui pelbagai peringkat pembangunan

Avec sa naissance commence sa lutte contre la bourgeoisie

Dengan kelahirannya bermula perjuangannya dengan Borjuasi

Dans un premier temps, la lutte est menée par des ouvriers individuels

Pada mulanya pertandingan dijalankan oleh buruh individu

Ensuite, le concours est mené par les ouvriers d'une usine

Kemudian pertandingan dijalankan oleh pekerja kilang

Ensuite, la lutte est menée par les agents d'un métier, dans une localité

Kemudian pertandingan dijalankan oleh pengendali satu perdagangan, di satu kawasan

et la lutte est alors contre la bourgeoisie individuelle qui les exploite directement

dan pertandingan itu kemudiannya menentang Borjuasi individu yang mengeksploitasi mereka secara langsung

Ils ne dirigent pas leurs attaques contre les conditions de production de la bourgeoisie

Mereka mengarahkan serangan mereka bukan terhadap syarat-syarat pengeluaran Borjuasi

mais ils dirigent leur attaque contre les instruments de production eux-mêmes

tetapi mereka mengarahkan serangan mereka terhadap instrumen pengeluaran itu sendiri

Ils détruisent les marchandises importées qui font concurrence à leur main-d'œuvre

mereka memusnahkan barangan import yang bersaing dengan buruh mereka

Ils brisent les machines et mettent le feu aux usines

mereka menghancurkan jentera dan mereka membakar kilang

ils cherchent à restaurer par la force le statut disparu de l'ouvrier du Moyen Âge

mereka berusaha untuk memulihkan secara paksa status pekerja Zaman Pertengahan yang lenyap

À ce stade, les ouvriers forment encore une masse incohérente dispersée dans tout le pays

Pada peringkat ini buruh masih membentuk jisim yang tidak koheren yang tersebar di seluruh negara

et ils sont brisés par leur concurrence mutuelle

dan mereka dipecahkan oleh persaingan bersama mereka

S'ils s'unissent quelque part pour former des corps plus compacts, ce n'est pas encore la conséquence de leur propre union active

Jika di mana-mana mereka bersatu untuk membentuk badan yang lebih padat, ini belum lagi akibat daripada kesatuan aktif mereka sendiri

mais c'est une conséquence de l'union de la bourgeoisie, d'atteindre ses propres fins politiques

tetapi ia adalah akibat daripada penyatuan Borjuasi, untuk mencapai tujuan politiknya sendiri

la bourgeoisie est obligée de mettre en mouvement tout le prolétariat

Borjuasi terpaksa menggerakkan seluruh Proletariat

et d'ailleurs, pour un temps, la bourgeoisie est capable de le faire

dan lebih-lebih lagi, untuk sementara waktu, Borjuasi mampu berbuat demikian

À ce stade, les prolétaires ne combattent donc pas leurs ennemis

Oleh itu, pada peringkat ini, proletar tidak melawan musuh mereka

mais au lieu de cela, ils combattent les ennemis de leurs ennemis

tetapi sebaliknya mereka melawan musuh musuh mereka

La lutte contre les vestiges de la monarchie absolue et les propriétaires terriens

perjuangan sisa-sisa monarki mutlak dan pemilik tanah

ils combattent la bourgeoisie non industrielle ; la petite bourgeoisie

mereka melawan Borjuasi bukan perindustrian; Borjuasi kecil

Ainsi tout le mouvement historique est concentré entre les mains de la bourgeoisie

Oleh itu, keseluruhan pergerakan sejarah tertumpu di tangan Borjuasi

chaque victoire ainsi obtenue est une victoire pour la bourgeoisie

setiap kemenangan yang diperolehi adalah kemenangan bagi Borjuasi

Mais avec le développement de l'industrie, le prolétariat ne se contente pas d'augmenter en nombre

Tetapi dengan perkembangan industri, Proletariat bukan sahaja meningkat dalam bilangan

le prolétariat se concentre en masses plus grandes et sa force s'accroît

Proletariat menjadi tertumpu dalam jisim yang lebih besar dan kekuatannya bertambah

et le prolétariat ressent de plus en plus cette force

dan Proletariat merasakan kekuatan itu semakin

Les divers intérêts et conditions de vie dans les rangs du prolétariat sont de plus en plus égalisés

Pelbagai kepentingan dan keadaan kehidupan dalam barisan Proletariat semakin disamakan

elles deviennent plus proportionnelles à mesure que les machines effacent toutes les distinctions de travail

mereka menjadi lebih berkadaran apabila jentera melenyapkan semua perbezaan buruh

et les machines réduisent presque partout les salaires au même bas niveau

dan jentera hampir di mana-mana mengurangkan gaji ke tahap rendah yang sama

La concurrence croissante entre la bourgeoisie et les crises commerciales qui en résultent rendent les salaires des ouvriers de plus en plus fluctuants

Persaingan yang semakin meningkat di kalangan Borjuasi, dan krisis komersial yang terhasil, menjadikan gaji pekerja semakin berubah-ubah

L'amélioration incessante des machines, qui se développe de plus en plus rapidement, rend leurs moyens d'existence de plus en plus précaires

Penambahbaikan jentera yang tidak henti-hentinya, semakin pesat berkembang, menjadikan mata pencarian mereka semakin tidak menentu

les collisions entre les ouvriers individuels et la bourgeoisie individuelle prennent de plus en plus le caractère de collisions entre deux classes

perlanggaran antara pekerja individu dan borjuasi individu mengambil lebih banyak watak perlanggaran antara dua kelas

Là-dessus, les ouvriers commencent à former des associations (syndicats) contre la bourgeoisie

Selepas itu pekerja mula membentuk gabungan (Kesatuan Sekerja) menentang Borjuasi

Ils s'associent pour maintenir le taux des salaires

mereka berkumpul bersama untuk mengekalkan kadar upah

Ils fondèrent des associations permanentes afin de pourvoir à l'avance à ces révoltes occasionnelles

mereka menemui persatuan tetap untuk membuat peruntukan terlebih dahulu untuk pemberontakan sekali-sekala ini

Ici et là, la lutte éclate en émeutes

Di sana-sini pertandingan meletus menjadi rusuhan

De temps en temps, les ouvriers sont victorieux, mais seulement pour un temps

Kadang-kadang pekerja menang, tetapi hanya untuk seketika

Le vrai fruit de leurs luttes n'est pas dans le résultat immédiat, mais dans l'union toujours plus grande des travailleurs

Hasil sebenar pertempuran mereka terletak, bukan pada hasil serta-merta, tetapi dalam kesatuan pekerja yang sentiasa berkembang

Cette union est favorisée par les moyens de communication améliorés créés par l'industrie moderne

Kesatuan ini dibantu oleh cara komunikasi yang lebih baik yang dicipta oleh industri moden

La communication moderne met en contact les travailleurs de différentes localités les uns avec les autres

komunikasi moden meletakkan pekerja dari kawasan yang berbeza berhubung antara satu sama lain

C'était précisément ce contact qui était nécessaire pour centraliser les nombreuses luttes locales en une lutte nationale entre les classes

Hanya hubungan inilah yang diperlukan untuk memusatkan banyak perjuangan tempatan ke dalam satu perjuangan nasional antara kelas

Toutes ces luttes sont du même caractère, et toute lutte de classe est une lutte politique

Semua perjuangan ini mempunyai watak yang sama, dan setiap perjuangan kelas adalah perjuangan politik

les bourgeois du moyen âge, avec leurs misérables routes, mettaient des siècles à former leurs syndicats

penduduk Zaman Pertengahan, dengan lebuh raya mereka yang menyedihkan, memerlukan berabad-abad untuk membentuk kesatuan mereka

Les prolétaires modernes, grâce aux chemins de fer, réalisent leurs syndicats en quelques années

Proletar moden, terima kasih kepada kereta api, mencapai kesatuan mereka dalam masa beberapa tahun

Cette organisation des prolétaires en classe les a donc formés en parti politique

Organisasi proletar ini ke dalam satu kelas akibatnya membentuk mereka menjadi sebuah parti politik

La classe politique est continuellement bouleversée par la concurrence entre les travailleurs eux-mêmes

kelas politik terus terganggu lagi oleh persaingan antara pekerja itu sendiri

Mais la classe politique continue de se soulever, plus forte, plus ferme, plus puissante

Tetapi kelas politik terus bangkit semula, lebih kuat, lebih tegas, lebih kuat

Elle oblige la législation à reconnaître les intérêts particuliers des travailleurs

Ia memaksa pengiktirafan perundangan terhadap kepentingan tertentu pekerja

il le fait en profitant des divisions au sein de la bourgeoisie elle-même

ia melakukan ini dengan mengambil kesempatan daripada perpecahan di kalangan Borjuasi itu sendiri

C'est ainsi qu'en Angleterre fut promulguée la loi sur les dix heures

Oleh itu, rang undang-undang sepuluh jam di England telah dimasukkan ke dalam undang-undang

à bien des égards, les collisions entre les classes de l'ancienne société sont en outre le cours du développement du prolétariat

dalam banyak cara perlanggaran antara kelas-kelas masyarakat lama selanjutnya adalah perjalanan pembangunan Proletariat

La bourgeoisie se trouve engagée dans une bataille de tous les instants

Borjuasi mendapati dirinya terlibat dalam pertempuran berterusan

Dans un premier temps, il se trouvera impliqué dans une bataille constante avec l'aristocratie

Pada mulanya ia akan mendapati dirinya terlibat dalam pertempuran berterusan dengan bangsawan

plus tard, elle se trouvera engagée dans une lutte constante avec ces parties de la bourgeoisie elle-même

kemudian ia akan mendapati dirinya terlibat dalam pertempuran berterusan dengan bahagian-bahagian Borjuasi itu sendiri

et leurs intérêts seront devenus antagonistes au progrès de l'industrie

dan kepentingan mereka akan menjadi antagonis kepada kemajuan industri

à tout moment, leurs intérêts seront devenus antagonistes avec la bourgeoisie des pays étrangers

pada setiap masa, kepentingan mereka akan menjadi antagonis dengan Borjuasi negara-negara asing

Dans toutes ces batailles, elle se voit obligée de faire appel au prolétariat et lui demande son aide

Dalam semua pertempuran ini, ia melihat dirinya terpaksa merayu kepada Proletariat, dan meminta bantuannya

Et ainsi, il se sentira obligé de l'entraîner dans l'arène politique

dan dengan itu, ia akan berasa terpaksa menyeretnya ke arena politik

C'est pourquoi la bourgeoisie elle-même fournit au prolétariat ses propres instruments d'éducation politique et générale

Oleh itu, Borjuasi itu sendiri membekalkan Proletariat dengan instrumen pendidikan politik dan amnya sendiri

c'est-à-dire qu'il fournit au prolétariat des armes pour combattre la bourgeoisie

dalam erti kata lain, ia membekalkan Proletariat dengan senjata untuk memerangi Borjuasi

De plus, comme nous l'avons déjà vu, des sections entières des classes dominantes sont précipitées dans le prolétariat

Selanjutnya, seperti yang telah kita lihat, seluruh bahagian
kelas pemerintah diendapkan ke dalam Proletariat
le progrès de l'industrie les aspire dans le prolétariat
kemajuan industri menyedut mereka ke dalam Proletariat
ou, du moins, ils sont menacés dans leurs conditions
d'existence
atau, sekurang-kurangnya, mereka terancam dalam keadaan
kewujudan mereka
Ceux-ci fournissent également au prolétariat de nouveaux
éléments d'illumination et de progrès
Ini juga membekalkan Proletariat dengan unsur-unsur
pencerahan dan kemajuan yang segar
Enfin, à l'approche de l'heure décisive de la lutte des classes
Akhirnya, pada masa-masa apabila perjuangan kelas
menghampiri waktu yang menentukan
le processus de dissolution en cours au sein de la classe
dirigeante
Proses pembubaran yang berlaku dalam kelas pemerintah
En fait, la dissolution en cours au sein de la classe dirigeante
se fera sentir dans toute la société
Malah, pembubaran yang berlaku dalam kelas pemerintah
akan dirasai dalam seluruh rangkaian masyarakat
Il prendra un caractère si violent et si flagrant qu'une petite
partie de la classe dirigeante se laissera aller à la dérive
ia akan mengambil watak yang ganas dan mencolok, sehingga
sebahagian kecil kelas pemerintah memotong dirinya hanyut
et que la classe dirigeante rejoindra la classe révolutionnaire
dan kelas pemerintah itu akan menyertai kelas revolusioner
La classe révolutionnaire étant la classe qui tient l'avenir
entre ses mains
kelas revolusioner menjadi kelas yang memegang masa depan
di tangannya
Comme à une époque antérieure, une partie de la noblesse
passa dans la bourgeoisie
Sama seperti pada tempoh sebelumnya, sebahagian
bangsawan beralih kepada Borjuasi

de la même manière qu'une partie de la bourgeoisie passera au prolétariat

dengan cara yang sama sebahagian daripada Borjuasi akan diserahkan kepada Proletariat

en particulier, une partie de la bourgeoisie passera à une partie des idéologues de la bourgeoisie

khususnya, sebahagian daripada Borjuasi akan diserahkan kepada sebahagian daripada ideologi Borjuasi

Des idéologues bourgeois qui se sont élevés au niveau de la compréhension théorique du mouvement historique dans son ensemble

Ahli ideologi borjuasi yang telah menaikkan diri mereka ke tahap memahami secara teori pergerakan sejarah secara keseluruhan

De toutes les classes qui se trouvent aujourd'hui en face de la bourgeoisie, seule le prolétariat est une classe vraiment révolutionnaire

Daripada semua kelas yang bersemuka dengan Borjuasi hari ini, Proletariat sahaja adalah kelas yang benar-benar revolusioner

Les autres classes se dégradent et finissent par disparaître devant l'industrie moderne

Kelas-kelas lain reput dan akhirnya hilang di hadapan Industri Moden

le prolétariat est son produit spécial et essentiel

Proletariat adalah produk istimewa dan penting

La petite bourgeoisie, le petit industriel, le commerçant, l'artisan, le paysan

Kelas menengah bawah, pengilang kecil, penjaga kedai, tukang, petani

toutes ces luttes contre la bourgeoisie

semua ini berjuang menentang Borjuasi

Ils se battent en tant que fractions de la classe moyenne pour se sauver de l'extinction

mereka berjuang sebagai pecahan kelas menengah untuk menyelamatkan diri mereka daripada kepupusan

Ils ne sont donc pas révolutionnaires, mais conservateurs
Oleh itu, mereka tidak revolusioner, tetapi konservatif
Bien plus, ils sont réactionnaires, car ils essaient de faire reculer la roue de l'histoire
Lebih-lebih lagi, mereka adalah reaksioner, kerana mereka cuba memutar balik roda sejarah
Si par hasard ils sont révolutionnaires, ils ne le sont qu'en vue de leur transfert imminent dans le prolétariat
Jika secara kebetulan mereka revolusioner, mereka begitu hanya memandangkan peralihan mereka yang akan datang ke dalam Proletariat
Ils défendent ainsi non pas leurs intérêts présents, mais leurs intérêts futurs
dengan itu mereka bukan mempertahankan masa kini mereka, tetapi kepentingan masa depan mereka
ils désertent leur propre point de vue pour se placer à celui du prolétariat
mereka meninggalkan pendirian mereka sendiri untuk meletakkan diri mereka pada pendirian Proletariat
La « classe dangereuse », la racaille sociale, cette masse en décomposition passive rejetée par les couches les plus basses de la vieille société
"Kelas berbahaya", sampah sosial, jisim reput pasif yang dibuang oleh lapisan terendah masyarakat lama
Ils peuvent, ici et là, être entraînés dans le mouvement par une révolution prolétarienne
mereka mungkin, di sana-sini, dihanyutkan ke dalam gerakan oleh revolusi proletar
Ses conditions de vie, cependant, le préparent beaucoup plus au rôle d'instrument soudoyé de l'intrigue réactionnaire
keadaan hidupnya, bagaimanapun, menyediakannya lebih banyak untuk bahagian alat tipu daya reaksioner yang disogok
Dans les conditions du prolétariat, ceux de l'ancienne société dans son ensemble sont déjà virtuellement submergés

Dalam keadaan Proletariat, masyarakat lama secara amnya
sudah hampir dibanjiri
Le prolétaire est sans propriété
Proletar tidak mempunyai harta
**ses rapports avec sa femme et ses enfants n'ont plus rien de
commun avec les relations familiales de la bourgeoisie**
hubungannya dengan isteri dan anak-anaknya tidak lagi
mempunyai apa-apa persamaan dengan hubungan keluarga
Borjuasi
**le travail industriel moderne, la sujétion moderne au capital,
la même en Angleterre qu'en France, en Amérique comme
en Allemagne**
buruh perindustrian moden, ketundukan moden kepada
modal, sama di England seperti di Perancis, di Amerika
seperti di Jerman
**Sa condition dans la société l'a dépouillé de toute trace de
caractère national**
keadaannya dalam masyarakat telah melucutkan setiap kesan
watak kebangsaan
**La loi, la morale, la religion, sont pour lui autant de préjugés
bourgeois**
Undang-undang, moral, agama, baginya begitu banyak
prasangka Borjuasi
**et derrière ces préjugés se cachent en embuscade autant
d'intérêts bourgeois**
dan di sebalik prasangka ini mengintai dalam serangan
hendap sama seperti banyak kepentingan Borjuasi
**Toutes les classes précédentes, qui ont pris le dessus, ont
cherché à fortifier leur statut déjà acquis**
Semua kelas terdahulu yang mendapat kelebihan, berusaha
untuk mengukuhkan status mereka yang telah diperolehi
**Ils l'ont fait en soumettant la société dans son ensemble à
leurs conditions d'appropriation**
mereka melakukan ini dengan menundukkan masyarakat
secara amnya kepada syarat peruntukan mereka

Les prolétaires ne peuvent pas devenir maîtres des forces productives de la société
Proletar tidak boleh menjadi tuan kepada kuasa produktif masyarakat
elle ne peut le faire qu'en abolissant son propre mode d'appropriation antérieur
ia hanya boleh melakukan ini dengan memansuhkan cara peruntukan mereka sendiri sebelum ini
et par là même elle abolit tout autre mode d'appropriation antérieur
dan dengan itu ia juga memansuhkan setiap cara peruntukan terdahulu yang lain
Ils n'ont rien à eux pour s'assurer et se fortifier
Mereka tidak mempunyai apa-apa untuk dijamin dan diperkuat
Leur mission est de détruire toutes les sûretés antérieures et les assurances de biens individuels
Misi mereka adalah untuk memusnahkan semua sekuriti terdahulu untuk, dan insurans, harta individu
Tous les mouvements historiques antérieurs étaient des mouvements de minorités
Semua pergerakan sejarah sebelum ini adalah pergerakan minoriti
ou bien il s'agissait de mouvements dans l'intérêt des minorités
atau mereka adalah pergerakan demi kepentingan minoriti
Le mouvement prolétarien est le mouvement conscient et indépendant de l'immense majorité
Gerakan proletar ialah gerakan sedar diri dan bebas majoriti besar
Et c'est un mouvement dans l'intérêt de l'immense majorité
dan ia adalah pergerakan demi kepentingan majoriti besar
Le prolétariat, couche la plus basse de notre société actuelle
Proletariat, lapisan terendah dalam masyarakat kita sekarang

elle ne peut ni s'agiter ni s'élever sans que toutes les couches supérieures de la société officielle ne soient soulevées en l'air

ia tidak boleh menggerakkan atau membangkitkan dirinya tanpa seluruh lapisan penyandang masyarakat rasmi yang muncul ke udara

Loin d'être dans le fond, mais dans la forme, la lutte du prolétariat contre la bourgeoisie est d'abord une lutte nationale

Walaupun tidak dalam substansi, namun dalam bentuk, perjuangan Proletariat dengan Borjuasi pada mulanya adalah perjuangan nasional

Le prolétariat de chaque pays doit, bien entendu, régler d'abord ses affaires avec sa propre bourgeoisie

Proletariat setiap negara mesti, tentu saja, terlebih dahulu menyelesaikan perkara dengan Borjuasinya sendiri

En décrivant les phases les plus générales du développement du prolétariat, nous avons retracé la guerre civile plus ou moins voilée

Dalam menggambarkan fasa yang paling umum dalam perkembangan Proletariat, kami mengesan perang saudara yang lebih kurang terselubung

Ce civil fait rage au sein de la société existante

sivil ini berkecamuk dalam masyarakat sedia ada

Elle fera rage jusqu'au point où cette guerre éclatera en révolution ouverte

ia akan berkecamuk sehingga ke tahap di mana perang itu meletus menjadi revolusi terbuka

et alors le renversement violent de la bourgeoisie jette les bases de l'emprise du prolétariat

dan kemudian penggulingan Borjuasi yang ganas meletakkan asas untuk pengaruh Proletariat

Jusqu'à présent, toute forme de société a été fondée, comme nous l'avons déjà vu, sur l'antagonisme des classes oppressives et opprimées

Sehingga kini, setiap bentuk masyarakat telah berdasarkan, seperti yang telah kita lihat, pada antagonisme kelas yang menindas dan ditindas

Mais pour opprimer une classe, il faut lui assurer certaines conditions

Tetapi untuk menindas kelas, syarat-syarat tertentu mesti dijamin kepadanya

La classe doit être maintenue dans des conditions dans lesquelles elle peut, au moins, continuer son existence servile

kelas mesti disimpan di bawah keadaan di mana ia boleh, sekurang-kurangnya, meneruskan kewujudannya yang seperti hamba

Le serf, à l'époque du servage, s'élevait lui-même au rang d'adhérent à la commune

Hamba, dalam tempoh perhambaan, menaikkan dirinya kepada keahlian dalam komune

de même que la petite bourgeoisie, sous le joug de l'absolutisme féodal, a réussi à se développer en bourgeoisie

sama seperti Borjuasi kecil, di bawah kuk absolutisme feudal, berjaya berkembang menjadi Borjuasi

L'ouvrier moderne, au contraire, au lieu de s'élever avec les progrès de l'industrie, s'enfonce de plus en plus profondément

Buruh moden, sebaliknya, bukannya bangkit dengan kemajuan industri, tenggelam lebih dalam dan lebih dalam

il s'enfonce au-dessous des conditions d'existence de sa propre classe

dia tenggelam di bawah syarat kewujudan kelasnya sendiri

Il devient pauvre, et le paupérisme se développe plus rapidement que la population et la richesse

Dia menjadi orang miskin, dan kemiskinan berkembang lebih cepat daripada penduduk dan kekayaan

Et c'est là qu'il devient évident que la bourgeoisie n'est plus apte à être la classe dominante dans la société

Dan di sini menjadi jelas, bahawa Borjuasi tidak lagi layak untuk menjadi kelas pemerintah dalam masyarakat

et elle n'est pas digne d'imposer ses conditions d'existence à la société comme une loi prépondérante

dan adalah tidak sesuai untuk mengenakan syarat-syarat kewujudannya ke atas masyarakat sebagai undang-undang yang mengatasi

Il est inapte à gouverner parce qu'il est incompétent pour assurer une existence à son esclave dans son esclavage

Ia tidak layak untuk memerintah kerana ia tidak cekap untuk menjamin kewujudan kepada hambanya dalam perhambaannya

parce qu'il ne peut s'empêcher de le laisser sombrer dans un tel état, qu'il doit le nourrir, au lieu d'être nourri par lui

kerana ia tidak dapat membantu membiarkannya tenggelam ke dalam keadaan sedemikian, sehingga ia perlu memberinya makan, bukannya diberi makan olehnya

La société ne peut plus vivre sous cette bourgeoisie

Masyarakat tidak lagi boleh hidup di bawah Borjuasi ini

En d'autres termes, son existence n'est plus compatible avec la société

Dalam erti kata lain, kewujudannya tidak lagi serasi dengan masyarakat

La condition essentielle de l'existence et de l'influence de la classe bourgeoise est la formation et l'accroissement du capital

Syarat penting untuk kewujudan, dan untuk pengaruh kelas Borjuasi, ialah pembentukan dan penambahan modal

La condition du capital, c'est le salariat-travail

Syarat untuk modal ialah buruh upah

Le travail salarié repose exclusivement sur la concurrence entre les travailleurs

Buruh upah terletak secara eksklusif pada persaingan antara buruh

Le progrès de l'industrie, dont le promoteur involontaire est la bourgeoisie, remplace l'isolement des ouvriers

Kemajuan industri, yang penganjur sukarelanya ialah
Borjuasi, menggantikan pengasingan buruh

**en raison de la concurrence, en raison de leur combinaison
révolutionnaire, en raison de l'association**

kerana persaingan, kerana gabungan revolusioner mereka,
kerana persatuan

**Le développement de l'industrie moderne lui coupe sous les
pieds les fondements mêmes sur lesquels la bourgeoisie
produit et s'approprie les produits**

Perkembangan Industri Moden memotong dari bawah
kakinya asas di mana Borjuasi menghasilkan dan
memperuntukkan produk

**Ce que la bourgeoisie produit avant tout, ce sont ses propres
fossoyeurs**

Apa yang dihasilkan oleh Borjuasi, di atas segalanya, ialah
penggali kuburnya sendiri

**La chute de la bourgeoisie et la victoire du prolétariat sont
également inévitables**

Kejatuhan Borjuasi dan kemenangan Proletariat adalah sama
tidak dapat dielakkan

Prolétaires et communistes
Proletar dan Komunis

Quel est le rapport des communistes vis-à-vis de l'ensemble des prolétaires ?

Dalam hubungan apakah Komunis berdiri dengan proletar secara keseluruhan?

Les communistes ne forment pas un parti séparé opposé aux autres partis de la classe ouvrière

Komunis tidak membentuk parti berasingan yang menentang parti kelas pekerja yang lain

Ils n'ont pas d'intérêts séparés de ceux du prolétariat dans son ensemble

Mereka tidak mempunyai kepentingan yang berasingan dan terpisah daripada kepentingan proletariat secara keseluruhan

Ils n'établissent pas de principes sectaires qui leur soient propres pour façonner et modeler le mouvement prolétarien

Mereka tidak menubuhkan apa-apa prinsip mazhab mereka sendiri, yang dengannya untuk membentuk dan membentuk gerakan proletar

Les communistes ne se distinguent des autres partis ouvriers que par deux choses

Komunis dibezakan daripada parti kelas pekerja yang lain hanya dengan dua perkara

Premièrement, ils signalent et mettent en avant les intérêts communs de l'ensemble du prolétariat, indépendamment de toute nationalité

Pertama, mereka menunjukkan dan membawa ke hadapan kepentingan bersama seluruh proletariat, secara bebas daripada semua kewarganegaraan

C'est ce qu'ils font dans les luttes nationales des prolétaires des différents pays

ini mereka lakukan dalam perjuangan nasional proletar dari negara-negara yang berbeza

Deuxièmement, ils représentent toujours et partout les intérêts du mouvement dans son ensemble

Kedua, mereka sentiasa dan di mana-mana mewakili
kepentingan pergerakan secara keseluruhan
**c'est ce qu'ils font dans les différents stades de
développement par lesquels doit passer la lutte de la classe
ouvrière contre la bourgeoisie**
ini mereka lakukan dalam pelbagai peringkat pembangunan,
yang perlu dilalui oleh perjuangan kelas pekerja menentang
Borjuasi
**Les communistes sont donc, d'une part, pratiquement, la
section la plus avancée et la plus résolue des partis ouvriers
de tous les pays**
Oleh itu, Komunis adalah di satu pihak, secara praktikal,
bahagian yang paling maju dan tegas dalam parti-parti kelas
pekerja di setiap negara
**Ils sont cette section de la classe ouvrière qui pousse en
avant toutes les autres**
mereka adalah bahagian kelas pekerja yang mendorong
semua yang lain
**Théoriquement, ils ont aussi l'avantage de bien comprendre
la ligne de marche**
Secara teorinya, mereka juga mempunyai kelebihan untuk
memahami dengan jelas garis perarakan
**C'est ce qu'ils comprennent mieux par rapport à la grande
masse du prolétariat**
Ini mereka lebih faham berbanding jisim besar proletariat
**Ils comprennent les conditions et les résultats généraux
ultimes du mouvement prolétarien**
mereka memahami keadaan, dan hasil umum muktamad
gerakan proletar
**Le but immédiat du Parti communiste est le même que celui
de tous les autres partis prolétariens**
Matlamat segera Komunis adalah sama dengan semua parti
proletar yang lain
Leur but est la formation du prolétariat en classe
matlamat mereka ialah pembentukan proletariat ke dalam
kelas

ils visent à renverser la suprématie de la bourgeoisie
mereka berhasrat untuk menggulingkan ketuanan Borjuasi
la conquête du pouvoir politique par le prolétariat
usaha untuk penaklukan kuasa politik oleh proletariat
Les conclusions théoriques des communistes ne sont
nullement basées sur des idées ou des principes de
réformateurs
Kesimpulan teori Komunis sama sekali tidak berdasarkan idea
atau prinsip reformis
ce ne sont pas des prétendus réformateurs universels qui ont
inventé ou découvert les conclusions théoriques des
communistes
bukan bakal pembaharu sejagat yang mencipta atau menemui
kesimpulan teori Komunis
Ils ne font qu'exprimer, en termes généraux, des rapports
réels qui naissent d'une lutte de classe existante
Mereka hanya menyatakan, secara umum, hubungan sebenar
yang timbul daripada perjuangan kelas yang sedia ada
Et ils décrivent le mouvement historique qui se déroule sous
nos yeux et qui a créé cette lutte des classes
dan mereka menggambarkan pergerakan sejarah yang berlaku
di bawah mata kita yang telah mewujudkan perjuangan kelas
ini
L'abolition des rapports de propriété existants n'est pas du
tout un trait distinctif du communisme
Pemansuhan hubungan harta sedia ada sama sekali bukan ciri
khas Komunisme
Dans le passé, toutes les relations de propriété ont été
continuellement sujettes à des changements historiques
Semua hubungan harta pada masa lalu terus tertakluk kepada
perubahan sejarah
et ces changements ont été consécutifs au changement des
conditions historiques
dan perubahan ini adalah akibat daripada perubahan dalam
keadaan sejarah

La Révolution française, par exemple, a aboli la propriété
féodale au profit de la propriété bourgeoise
Revolusi Perancis, sebagai contoh, memansuhkan harta feudal
dan memihak kepada harta Borjuasi
Le trait distinctif du communisme n'est pas l'abolition de la
propriété, en général
Ciri yang membezakan Komunisme bukanlah pemansuhan
harta, secara amnya
mais le trait distinctif du communisme, c'est l'abolition de la
propriété bourgeoise
tetapi ciri yang membezakan Komunisme ialah pemansuhan
harta Borjuasi
Mais la propriété privée de la bourgeoisie moderne est
l'expression ultime et la plus complète du système de
production et d'appropriation des produits
Tetapi harta persendirian Borjuasi moden adalah ungkapan
terakhir dan paling lengkap dari sistem menghasilkan dan
memperuntukkan produk
C'est l'état final d'un système basé sur les antagonismes de
classe, où l'antagonisme de classe est l'exploitation du plus
grand nombre par quelques-uns
Ia adalah keadaan akhir sistem yang berdasarkan
antagonisme kelas, di mana antagonisme kelas adalah
eksploitasi ramai oleh segelintir orang
En ce sens, la théorie des communistes peut se résumer en
une seule phrase ; l'abolition de la propriété privée
Dalam pengertian ini, teori Komunis boleh disimpulkan
dalam satu ayat; pemansuhan harta persendirian
On nous a reproché, à nous communistes, de vouloir abolir
le droit d'acquérir personnellement des biens
Kami Komunis telah dicela dengan keinginan untuk
memansuhkan hak memperoleh harta secara peribadi
On prétend que cette propriété est le fruit du travail de
l'homme
Didakwa bahawa harta ini adalah hasil kerja manusia sendiri

et cette propriété est censée être le fondement de toute liberté, de toute activité et de toute indépendance individuelles.

dan harta ini didakwa menjadi asas kepada semua kebebasan peribadi, aktiviti dan kemerdekaan.

« Propriété durement gagnée, auto-acquise, auto-gagnée ! »

"Harta yang dimenangi dengan susah payah, diperoleh sendiri, diperoleh sendiri!"

Voulez-vous dire la propriété du petit artisan et du petit paysan ?

Adakah anda maksudkan harta tukang kecil dan petani kecil?

Voulez-vous parler d'une forme de propriété qui a précédé la forme bourgeoise ?

Adakah anda maksudkan satu bentuk harta yang mendahului bentuk Borjuasi?

Il n'est pas nécessaire de l'abolir, le développement de l'industrie l'a déjà détruit dans une large mesure

Tidak perlu memansuhkannya, pembangunan industri sebahagian besarnya telah memusnahkannya

et le développement de l'industrie continue de la détruire chaque jour

dan pembangunan industri masih memusnahkannya setiap hari

Ou voulez-vous parler de la propriété privée de la bourgeoisie moderne ?

Atau adakah anda maksudkan harta persendirian Borjuasi moden?

Mais le travail salarié crée-t-il une propriété pour l'ouvrier ?

Tetapi adakah buruh upah mencipta apa-apa harta untuk buruh?

Non, le travail salarié ne crée pas une parcelle de ce genre de propriété !

Tidak, buruh upah tidak mencipta sedikit pun daripada harta seperti ini!

Ce que le travail salarié crée, c'est du capital ; ce genre de propriété qui exploite le travail salarié

apa yang dicipta oleh buruh upah ialah modal; jenis harta yang mengeksploitasi buruh upah

Le capital ne peut s'accroître qu'à la condition d'engendrer une nouvelle offre de travail salarié pour une nouvelle exploitation

modal tidak boleh meningkat kecuali dengan syarat melahirkan bekalan buruh upah baru untuk eksploitasi baru

La propriété, dans sa forme actuelle, est fondée sur l'antagonisme du capital et du salariat

Harta, dalam bentuknya sekarang, adalah berdasarkan antagonisme modal dan buruh upah

Examinons les deux côtés de cet antagonisme

Mari kita periksa kedua-dua belah antagonisme ini

Être capitaliste, ce n'est pas seulement avoir un statut purement personnel

Menjadi seorang kapitalis bukan sahaja mempunyai status peribadi semata-mata

Au contraire, être capitaliste, c'est aussi avoir un statut social dans la production

sebaliknya, menjadi kapitalis juga mempunyai status sosial dalam pengeluaran

parce que le capital est un produit collectif ; Ce n'est que par l'action unie de nombreux membres qu'elle peut être mise en branle

kerana modal adalah produk kolektif; Hanya dengan tindakan bersatu ramai ahli boleh digerakkan

Mais cette action unie n'est qu'un dernier recours, et nécessite en fait tous les membres de la société

Tetapi tindakan bersatu ini adalah pilihan terakhir, dan sebenarnya memerlukan semua ahli masyarakat

Le capital est converti en propriété de tous les membres de la société

Modal memang ditukar kepada harta semua ahli masyarakat

mais le Capital n'est donc pas une puissance personnelle ; c'est un pouvoir social

tetapi Modal, oleh itu, bukan kuasa peribadi; ia adalah kuasa sosial

Ainsi, lorsque le capital est converti en propriété sociale, la propriété personnelle n'est pas pour autant transformée en propriété sociale

Jadi apabila modal ditukar kepada harta sosial, harta peribadi tidak diubah menjadi harta sosial

Ce n'est que le caractère social de la propriété qui est modifié et qui perd son caractère de classe

Ia hanya watak sosial harta yang berubah, dan kehilangan watak kelasnya

Regardons maintenant le travail salarié

Sekarang mari kita lihat buruh upah

Le prix moyen du salariat est le salaire minimum, c'est-à-dire le quantum des moyens de subsistance

Harga purata buruh upah ialah gaji minimum, iaitu, kuantum sara hidup

Ce salaire est absolument nécessaire dans la simple existence d'un ouvrier

Gaji ini benar-benar diperlukan dalam kewujudan kosong sebagai buruh

Ce que le salarié s'approprie par son travail ne suffit donc qu'à prolonger et à reproduire une existence nue

Oleh itu, apa yang diperuntukkan oleh buruh upah melalui kerjanya, hanya mencukupi untuk memanjangkan dan menghasilkan semula kewujudan kosong

Nous n'avons nullement l'intention d'abolir cette appropriation personnelle des produits du travail

Kami sama sekali tidak berhasrat untuk memansuhkan perampasan peribadi produk buruh ini

une appropriation qui est faite pour le maintien et la reproduction de la vie humaine

peruntukan yang dibuat untuk penyelenggaraan dan pembiakan kehidupan manusia

Une telle appropriation personnelle des produits du travail ne laisse pas de surplus pour commander le travail d'autrui

perampasan peribadi produk buruh sedemikian tidak meninggalkan lebihan untuk memerintahkan buruh orang lain

Tout ce que nous voulons supprimer, c'est le caractère misérable de cette appropriation

Apa yang kita mahu hapuskan, ialah watak menyedihkan peruntukan ini

l'appropriation dont vit l'ouvrier dans le seul but d'augmenter son capital

peruntukan di mana buruh hidup semata-mata untuk meningkatkan modal

Il n'est autorisé à vivre que dans la mesure où l'intérêt de la classe dominante l'exige

dia dibenarkan hidup hanya setakat kepentingan kelas pemerintah memerlukannya

Dans la société bourgeoise, le travail vivant n'est qu'un moyen d'augmenter le travail accumulé

Dalam masyarakat Borjuasi, buruh hidup hanyalah satu cara untuk meningkatkan buruh terkumpul

Dans la société communiste, le travail accumulé n'est qu'un moyen d'élargir, d'enrichir, de promouvoir l'existence de l'ouvrier

Dalam masyarakat Komunis, buruh terkumpul hanyalah satu cara untuk meluaskan, memperkaya, mempromosikan kewujudan buruh

C'est pourquoi, dans la société bourgeoise, le passé domine le présent

Oleh itu, dalam masyarakat Borjuasi, masa lalu mendominasi masa kini

dans la société communiste, le présent domine le passé

dalam masyarakat Komunis masa kini mendominasi masa lalu

Dans la société bourgeoise, le capital est indépendant et a une individualité

Dalam masyarakat borjuasi, modal adalah bebas dan mempunyai keperibadian

Dans la société bourgeoise, la personne vivante est dépendante et n'a pas d'individualité

Dalam masyarakat Borjuasi, orang yang hidup bergantung dan tidak mempunyai keperibadian

Et l'abolition de cet état de choses est appelée par la bourgeoisie l'abolition de l'individualité et de la liberté !

Dan pemansuhan keadaan ini dipanggil oleh Borjuasi, pemansuhan keperibadian dan kebebasan!

Et c'est à juste titre qu'on l'appelle l'abolition de l'individualité et de la liberté !

Dan ia betul-betul dipanggil pemansuhan keperibadian dan kebebasan!

Le communisme vise à l'abolition de l'individualité bourgeoise

Komunisme bertujuan untuk menghapuskan keperibadian Borjuasi

Le communisme veut l'abolition de l'indépendance de la bourgeoisie

Komunisme berhasrat untuk pemansuhan kemerdekaan Borjuasi

La liberté de la bourgeoisie est sans aucun doute ce que vise le communisme

Kebebasan borjuasi sudah pasti apa yang disasarkan oleh komunisme

dans les conditions actuelles de production de la bourgeoisie, la liberté signifie le libre-échange, la liberté de vendre et d'acheter

di bawah syarat-syarat pengeluaran Borjuasi sekarang, kebebasan bermaksud perdagangan bebas, penjualan dan pembelian bebas

Mais si la vente et l'achat disparaissent, la vente et l'achat gratuits disparaissent également

Tetapi jika jual dan beli hilang, jual dan beli percuma juga hilang

Les « paroles courageuses » de la bourgeoisie sur la vente et l'achat libres n'ont qu'un sens limité

"kata-kata berani" oleh Borjuasi tentang penjualan dan pembelian percuma hanya mempunyai makna dalam erti kata yang terhad

Ces mots n'ont de sens que par opposition à la vente et à l'achat restreints

Perkataan-perkataan ini hanya mempunyai makna berbeza dengan penjualan dan pembelian terhad

et ces mots n'ont de sens que lorsqu'ils s'appliquent aux marchands enchaînés du moyen âge

dan kata-kata ini hanya mempunyai makna apabila digunakan kepada pedagang yang terbelenggu pada Zaman Pertengahan

et cela suppose que ces mots aient même un sens dans un sens bourgeois

dan itu menganggap kata-kata ini mempunyai makna dalam erti kata Borjuasi

mais ces mots n'ont aucun sens lorsqu'ils sont utilisés pour s'opposer à l'abolition communiste de l'achat et de la vente

tetapi kata-kata ini tidak mempunyai makna apabila ia digunakan untuk menentang pemansuhan Komunis untuk membeli dan menjual

les mots n'ont pas de sens lorsqu'ils sont utilisés pour s'opposer à l'abolition des conditions de production de la bourgeoisie

perkataan itu tidak mempunyai makna apabila ia digunakan untuk menentang syarat pengeluaran Borjuasi yang dimansuhkan

et ils n'ont aucun sens lorsqu'ils sont utilisés pour s'opposer à l'abolition de la bourgeoisie elle-même

dan mereka tidak mempunyai makna apabila mereka digunakan untuk menentang Borjuasi itu sendiri dimansuhkan

Vous êtes horrifiés par notre intention d'en finir avec la propriété privée

Anda ngeri dengan niat kami untuk menghapuskan harta persendirian

Mais dans votre société actuelle, la propriété privée est déjà abolie pour les neuf dixièmes de la population

Tetapi dalam masyarakat sedia ada anda, harta persendirian telah dihapuskan untuk sembilan persepuluh daripada penduduk

L'existence d'une propriété privée pour quelques-uns est uniquement due à sa non-existence entre les mains des neuf dixièmes de la population

Kewujudan harta persendirian untuk segelintir orang adalah semata-mata kerana ketiadaannya di tangan sembilan persepuluh daripada penduduk

Vous nous reprochez donc d'avoir l'intention de supprimer une forme de propriété

Oleh itu, anda mencela kami dengan niat untuk menghapuskan satu bentuk harta

Mais la propriété privée nécessite l'inexistence de toute propriété pour l'immense majorité de la société

tetapi harta persendirian memerlukan ketiadaan apa-apa harta untuk majoriti besar masyarakat

En un mot, vous nous reprochez d'avoir l'intention de vous débarrasser de vos biens

Dalam satu perkataan, anda mencela kami dengan niat untuk menghapuskan harta benda anda

Et c'est précisément le cas ; se débarrasser de votre propriété est exactement ce que nous avons l'intention de faire

Dan memang begitu; menghapuskan Harta anda adalah apa yang kami mahukan

À partir du moment où le travail ne peut plus être converti en capital, en argent ou en rente

Dari saat buruh tidak lagi boleh ditukar kepada modal, wang, atau sewa

quand le travail ne peut plus être converti en un pouvoir social monopolisé

apabila buruh tidak lagi boleh ditukar kepada kuasa sosial yang mampu dimonopoli

à partir du moment où la propriété individuelle ne peut plus être transformée en propriété bourgeoise

dari saat apabila harta individu tidak lagi boleh diubah menjadi harta Borjuasi

à partir du moment où la propriété individuelle ne peut plus être transformée en capital

dari saat harta individu tidak lagi boleh diubah menjadi modal

À partir de ce moment-là, vous dites que l'individualité s'évanouit

dari saat itu, anda mengatakan keperibadian lenyap

Vous devez donc avouer que par « individu » vous n'entendez personne d'autre que la bourgeoisie

Oleh itu, anda mesti mengaku bahawa dengan "individu" anda tidak bermaksud orang lain selain Borjuasi

Vous devez avouer qu'il s'agit spécifiquement du propriétaire de la classe moyenne

anda mesti mengaku ia secara khusus merujuk kepada pemilik harta kelas pertengahan

Cette personne doit, en effet, être balayée et rendue impossible

Orang ini, sememangnya, mesti disapu keluar dari jalan, dan dibuat mustahil

Le communisme ne prive personne du pouvoir de s'approprier les produits de la société

Komunisme tidak melucutkan kuasa manusia untuk mengambil produk masyarakat

tout ce que fait le communisme, c'est de le priver du pouvoir de subjuguer le travail d'autrui au moyen d'une telle appropriation

apa yang dilakukan oleh Komunisme adalah untuk melucutkan kuasanya untuk menundukkan kerja orang lain melalui peruntukan sedemikian

On a objecté qu'avec l'abolition de la propriété privée, tout travail cesserait

Telah dibantah bahawa apabila pemansuhan harta persendirian semua kerja akan dihentikan

et il est alors suggéré que la paresse universelle nous rattrapera

dan kemudian dicadangkan bahawa kemalasan sejagat akan mengatasi kita

D'après cela, il y a longtemps que la société bourgeoise aurait dû aller aux chiens par pure oisiveté

Menurut ini, masyarakat Borjuasi sepatutnya lama dahulu pergi kepada anjing melalui kemalasan semata-mata

parce que ceux de ses membres qui travaillent, n'acquièrent rien

kerana ahli-ahlinya yang bekerja, tidak memperoleh apa-apa

et ceux de ses membres qui acquièrent quoi que ce soit, ne travaillent pas

dan ahli-ahlinya yang memperoleh apa-apa, tidak bekerja

L'ensemble de cette objection n'est qu'une autre expression de la tautologie

Keseluruhan bantahan ini hanyalah satu lagi ungkapan tautologi

Il ne peut plus y avoir de travail salarié quand il n'y a plus de capital

tidak boleh ada lagi buruh upah apabila tiada lagi modal

Il n'y a pas de différence entre les produits matériels et les produits mentaux

Tiada perbezaan antara produk material dan produk mental

Le communisme propose que les deux soient produits de la même manière

Komunisme mencadangkan kedua-duanya dihasilkan dengan cara yang sama

mais les objections contre les modes communistes de production sont les mêmes

tetapi bantahan terhadap cara Komunis untuk menghasilkannya adalah sama

pour la bourgeoisie, la disparition de la propriété de classe est la disparition de la production elle-même

bagi Borjuasi, kehilangan harta kelas adalah kehilangan
pengeluaran itu sendiri

**Ainsi, la disparition de la culture de classe est pour lui
identique à la disparition de toute culture**

jadi kehilangan budaya kelas baginya adalah sama dengan
kehilangan semua budaya

**Cette culture, dont il déplore la perte, n'est pour l'immense
majorité qu'un simple entraînement à agir comme une
machine**

Budaya itu, kehilangan yang dia keluhkan, bagi sebahagian
besar adalah latihan semata-mata untuk bertindak sebagai
mesin

**Les communistes ont bien l'intention d'abolir la culture de
la propriété bourgeoise**

Komunis sangat berhasrat untuk menghapuskan budaya harta
borjuasi

**Mais ne vous querellez pas avec nous tant que vous
appliquez les normes de vos notions bourgeoises de liberté,
de culture, de droit, etc**

Tetapi jangan bertengkar dengan kami selagi anda
menggunakan standard tanggapan Borjuasi anda tentang
kebebasan, budaya, undang-undang, dll

**Vos idées mêmes ne sont que le résultat des conditions de
votre production bourgeoise et de la propriété bourgeoise**

Idea anda hanyalah hasil daripada keadaan pengeluaran
Borjuasi dan harta Borjuasi anda

**de même que votre jurisprudence n'est que la volonté de
votre classe érigée en loi pour tous**

sama seperti perundangan anda hanyalah kehendak kelas
anda yang dijadikan undang-undang untuk semua

**Le caractère essentiel et l'orientation de cette volonté sont
déterminés par les conditions économiques créées par votre
classe sociale**

Watak dan hala tuju penting ini ditentukan oleh keadaan
ekonomi yang dicipta oleh kelas sosial anda

L'idée fausse égoïste qui vous pousse à transformer les formes sociales en lois éternelles de la nature et de la raison

Salah tanggapan mementingkan diri sendiri yang mendorong anda untuk mengubah bentuk sosial menjadi undang-undang alam dan akal yang kekal

les formes sociales qui découlent de votre mode de production et de votre forme de propriété actuels

bentuk sosial yang timbul daripada cara pengeluaran dan bentuk harta anda sekarang

des rapports historiques qui naissent et disparaissent dans le progrès de la production

hubungan sejarah yang meningkat dan hilang dalam kemajuan pengeluaran

cette idée fausse que vous partagez avec toutes les classes dirigeantes qui vous ont précédés

salah tanggapan ini anda berkongsi dengan setiap kelas pemerintah yang telah mendahului anda

Ce que vous voyez clairement dans le cas de la propriété ancienne, ce que vous admettez dans le cas de la propriété féodale

Apa yang anda lihat dengan jelas dalam kes harta purba, apa yang anda akui dalam kes harta feudal

ces choses, il vous est bien entendu interdit de les admettre dans le cas de votre propre forme de propriété bourgeoise

perkara-perkara ini sudah tentu anda dilarang untuk mengakui dalam kes bentuk harta Borjuasi anda sendiri

Abolition de la famille ! Même les plus radicaux s'enflamment devant cette infâme proposition des communistes

Pemansuhan keluarga! Malah yang paling radikal menyala pada cadangan Komunis yang terkenal ini

Sur quelle base se fonde la famille actuelle, la famille bourgeoise ?

Atas asas apakah keluarga sekarang, keluarga Borjuasi, berasaskan?

La fondation de la famille actuelle est basée sur le capital et le gain privé

Asas keluarga sekarang adalah berdasarkan modal dan keuntungan persendirian

Sous sa forme complètement développée, cette famille n'existe que dans la bourgeoisie

Dalam bentuknya yang dibangunkan sepenuhnya, keluarga ini hanya wujud di kalangan Borjuasi

Cet état de choses trouve son complément dans l'absence pratique de la famille chez les prolétaires

keadaan ini menemui pelengkapnya dalam ketiadaan praktikal keluarga di kalangan proletar

Cet état de choses se retrouve dans la prostitution publique

keadaan ini boleh didapati dalam pelacuran awam

La famille bourgeoise disparaîtra d'office quand son effectif disparaîtra

Keluarga Borjuasi akan lenyap sebagai perkara biasa apabila pelengkapnya lenyap

et l'une et l'autre s'évanouiront avec la disparition du capital

dan kedua-dua kehendak ini akan lenyap dengan lenyapnya modal

Nous accusez-vous de vouloir mettre fin à l'exploitation des enfants par leurs parents ?

Adakah anda menuduh kami mahu menghentikan eksploitasi kanak-kanak oleh ibu bapa mereka?

Nous plaidons coupables de ce crime

Untuk jenayah ini kami mengaku bersalah

Mais, direz-vous, on détruit les relations les plus sacrées, quand on remplace l'éducation à domicile par l'éducation sociale

Tetapi, anda akan berkata, kita memusnahkan hubungan yang paling suci, apabila kita menggantikan pendidikan di rumah dengan pendidikan sosial

Votre éducation n'est-elle pas aussi sociale ? Et n'est-elle pas déterminée par les conditions sociales dans lesquelles vous éduquez ?

Adakah pendidikan anda juga tidak sosial? Dan bukankah ia ditentukan oleh keadaan sosial di mana anda mendidik?

par l'intervention, directe ou indirecte, de la société, par le biais de l'école, etc.

melalui campur tangan, langsung atau tidak langsung, masyarakat, melalui sekolah, dsb.

Les communistes n'ont pas inventé l'intervention de la société dans l'éducation

Komunis tidak mencipta campur tangan masyarakat dalam pendidikan

ils ne cherchent qu'à modifier le caractère de cette intervention

mereka hanya berusaha untuk mengubah watak campur tangan itu

et ils cherchent à sauver l'éducation de l'influence de la classe dirigeante

dan mereka berusaha untuk menyelamatkan pendidikan daripada pengaruh kelas pemerintah

La bourgeoisie parle de la relation sacrée du parent et de l'enfant

Perbincangan Borjuasi tentang hubungan bersama yang suci antara ibu bapa dan anak

mais ce baratin sur la famille et l'éducation devient d'autant plus répugnant quand on regarde l'industrie moderne

tetapi perangkap tepukan tentang keluarga dan pendidikan ini menjadi lebih menjijikkan apabila kita melihat Industri Moden

Tous les liens familiaux entre les prolétaires sont déchirés par l'industrie moderne

Semua hubungan keluarga di kalangan proletar terkoyak oleh industri moden

Leurs enfants sont transformés en simples objets de commerce et en instruments de travail

anak-anak mereka diubah menjadi barang perdagangan dan instrumen buruh yang ringkas

Mais vous, communistes, vous créeriez une communauté de femmes, crie en chœur toute la bourgeoisie

Tetapi anda Komunis akan mewujudkan komuniti wanita, menjerit seluruh Borjuasi dalam korus

La bourgeoisie ne voit en sa femme qu'un instrument de production

Borjuasi melihat dalam isterinya sebagai alat pengeluaran semata-mata

Il entend dire que les instruments de production doivent être exploités par tous

Dia mendengar bahawa instrumen pengeluaran akan dieksploitasi oleh semua

et, naturellement, il ne peut arriver à aucune autre conclusion que celle d'être commun à tous retombera également sur les femmes

dan, secara semula jadi, dia tidak boleh membuat kesimpulan lain selain bahawa nasib yang biasa kepada semua juga akan jatuh kepada wanita

Il ne soupçonne même pas qu'il s'agit en fait d'en finir avec le statut de la femme en tant que simple instrument de production

Dia tidak mempunyai syak wasangka bahawa perkara sebenar adalah untuk menghapuskan status wanita sebagai alat pengeluaran semata-mata

Du reste, rien n'est plus ridicule que l'indignation vertueuse de notre bourgeoisie contre la communauté des femmes

Selebihnya, tidak ada yang lebih tidak masuk akal daripada kemarahan borjuasi kita terhadap komuniti wanita

ils prétendent qu'elle doit être établie ouvertement et officiellement par les communistes

mereka berpura-pura ia ditubuhkan secara terbuka dan rasmi oleh Komunis

Les communistes n'ont pas besoin d'introduire la communauté des femmes, elle existe depuis des temps immémoriaux

Komunis tidak perlu memperkenalkan komuniti wanita, ia telah wujud hampir sejak dahulu lagi

Notre bourgeoisie ne se contente pas d'avoir à sa disposition les femmes et les filles de ses prolétaires

Borjuasi kita tidak berpuas hati dengan mempunyai isteri dan anak perempuan proletar mereka di pelupusan mereka

Ils prennent le plus grand plaisir à séduire les femmes de l'autre

mereka sangat senang menggoda isteri masing-masing

Et cela ne parle même pas des prostituées ordinaires

dan itu tidak bercakap tentang pelacur biasa

Le mariage bourgeois est en réalité un système d'épouses en commun

Perkahwinan borjuasi pada hakikatnya adalah sistem isteri yang sama

puis il y a une chose qu'on pourrait peut-être reprocher aux communistes

maka ada satu perkara yang mungkin dicela oleh Komunis

Ils souhaitent introduire une communauté de femmes ouvertement légalisée

mereka berhasrat untuk memperkenalkan komuniti wanita yang disahkan secara terbuka

plutôt qu'une communauté de femmes hypocritement dissimulée

bukannya komuniti wanita yang tersembunyi secara munafik

la communauté des femmes issues du système de production

komuniti wanita yang muncul daripada sistem pengeluaran

Abolissez le système de production, et vous abolissez la communauté des femmes

menghapuskan sistem pengeluaran, dan anda menghapuskan komuniti wanita

La prostitution publique est abolie et la prostitution privée

kedua-dua pelacuran awam dimansuhkan, dan pelacuran persendirian

On reproche en outre aux communistes de vouloir abolir les pays et les nationalités

Komunis lebih dicela dengan keinginan untuk memansuhkan negara dan kewarganegaraan

Les travailleurs n'ont pas de patrie, nous ne pouvons donc pas leur prendre ce qu'ils n'ont pas

Lelaki pekerja tidak mempunyai negara, jadi kita tidak boleh mengambil daripada mereka apa yang mereka tidak dapat

Le prolétariat doit d'abord acquérir la suprématie politique

proletariat mesti terlebih dahulu memperoleh ketuanan politik

Le prolétariat doit s'élever pour être la classe dirigeante de la nation

proletariat mesti bangkit menjadi kelas terkemuka negara

Le prolétariat doit se constituer en nation

proletariat mesti membentuk dirinya sebagai negara

elle est, jusqu'à présent, elle-même nationale, mais pas dans le sens bourgeois du mot

ia, setakat ini, itu sendiri bersifat nasional, walaupun tidak dalam erti kata Borjuasi

Les différences nationales et les antagonismes entre les peuples s'estompent chaque jour davantage

Perbezaan dan permusuhan nasional antara orang-orang semakin lenyap setiap hari

grâce au développement de la bourgeoisie, à la liberté du commerce, au marché mondial

disebabkan oleh perkembangan Borjuasi, kebebasan perdagangan, kepada pasaran dunia

à l'uniformité du mode de production et des conditions de vie qui y correspondent

kepada keseragaman dalam cara pengeluaran dan dalam keadaan kehidupan yang sepadan dengannya

La suprématie du prolétariat les fera disparaître encore plus vite

Ketuanan proletariat akan menyebabkan mereka lenyap lebih cepat

L'action unie, du moins dans les principaux pays civilisés, est une des premières conditions de l'émancipation du prolétariat

Tindakan bersatu, sekurang-kurangnya negara-negara bertamadun terkemuka, adalah salah satu syarat pertama untuk pembebasan proletariat

Dans la mesure où l'exploitation d'un individu par un autre prendra fin, l'exploitation d'une nation par une autre prendra également fin à

Dalam perkadaran apabila eksploitasi satu individu oleh yang lain ditamatkan, eksploitasi satu negara oleh negara lain juga akan ditamatkan

À mesure que l'antagonisme entre les classes à l'intérieur de la nation disparaîtra, l'hostilité d'une nation envers une autre prendra fin

Dalam perkadaran apabila permusuhan antara kelas dalam negara lenyap, permusuhan satu negara terhadap negara lain akan berakhir

Les accusations portées contre le communisme d'un point de vue religieux, philosophique et, en général, idéologique, ne méritent pas d'être examinées sérieusement

Tuduhan terhadap Komunisme yang dibuat daripada agama, falsafah, dan, secara amnya, dari sudut ideologi, tidak patut diperiksa secara serius

Faut-il une intuition profonde pour comprendre que les idées, les vues et les conceptions de l'homme changent à chaque changement dans les conditions de son existence matérielle ?

Adakah ia memerlukan intuisi yang mendalam untuk memahami bahawa idea, pandangan dan konsep manusia berubah dengan setiap perubahan dalam keadaan kewujudan materialnya?

N'est-il pas évident que la conscience de l'homme change lorsque ses relations sociales et sa vie sociale changent ?

Bukankah jelas bahawa kesedaran manusia berubah apabila hubungan sosial dan kehidupan sosialnya berubah?

Qu'est-ce que l'histoire des idées prouve d'autre, sinon que la production intellectuelle change de caractère à mesure que la production matérielle se modifie ?

Apa lagi yang dibuktikan oleh sejarah idea, daripada pengeluaran intelektual mengubah wataknya mengikut perkadaran apabila pengeluaran material diubah?

Les idées dominantes de chaque époque ont toujours été les idées de sa classe dirigeante

Idea yang memerintah setiap zaman pernah menjadi idea kelas pemerintahnya

Quand on parle d'idées qui révolutionnent la société, on n'exprime qu'un seul fait

Apabila orang bercakap tentang idea yang merevolusikan masyarakat, mereka hanya menyatakan satu fakta

Au sein de l'ancienne société, les éléments d'une nouvelle société ont été créés

Dalam masyarakat lama, unsur-unsur yang baru telah dicipta

et que la dissolution des vieilles idées va de pair avec la dissolution des anciennes conditions d'existence

dan bahawa pembubaran idea-idea lama selaras dengan pembubaran syarat-syarat lama kewujudan

Lorsque le monde antique était dans ses dernières affresses, les anciennes religions ont été vaincues par le christianisme

Apabila dunia purba berada dalam pergolakan terakhirnya, agama-agama purba telah dikalahkan oleh agama Kristian

Lorsque les idées chrétiennes ont succombé au XVIIIe siècle aux idées rationalistes, la société féodale a mené une bataille à mort contre la bourgeoisie alors révolutionnaire

Apabila idea-idea Kristian tunduk pada abad ke-18 kepada idea-idea rasionalis, masyarakat feudal berjuang dalam pertempuran mautnya dengan Borjuasi revolusioner ketika itu

Les idées de liberté religieuse et de liberté de conscience n'ont fait qu'exprimer l'emprise de la libre concurrence dans le domaine de la connaissance

Idea kebebasan beragama dan kebebasan hati nurani hanya memberi ekspresi kepada pengaruh persaingan bebas dalam domain pengetahuan

« Sans doute, dira-t-on, les idées religieuses, morales, philosophiques et juridiques ont été modifiées au cours du développement historique »

"Tidak dinafikan," akan dikatakan, "idea-idea agama, moral, falsafah dan perundangan telah diubah suai dalam perjalanan perkembangan sejarah"

Mais la religion, la morale, la philosophie, la science politique et le droit ont constamment survécu à ce changement.

"Tetapi agama, falsafah moral, sains politik, dan undang-undang, sentiasa terselamat daripada perubahan ini"

« Il y a aussi des vérités éternelles, telles que la Liberté, la Justice, etc. »

"Terdapat juga kebenaran abadi, seperti Kebebasan, Keadilan, dll"

« Ces vérités éternelles sont communes à tous les états de la société »

"Kebenaran kekal ini adalah perkara biasa bagi semua keadaan masyarakat"

« Mais le communisme abolit les vérités éternelles, il abolit toute religion et toute morale »

"Tetapi Komunisme menghapuskan kebenaran abadi, ia menghapuskan semua agama, dan semua moral"

« il fait cela au lieu de les constituer sur une nouvelle base »

"Ia melakukan ini dan bukannya membentuk mereka secara baharu"

« Elle agit donc en contradiction avec toute l'expérience historique passée »

"Oleh itu, ia bertindak bercanggah dengan semua pengalaman sejarah masa lalu"

À quoi se réduit cette accusation ?

Apakah tuduhan ini mengurangkan dirinya sendiri?

L'histoire de toute la société passée a consisté dans le
développement d'antagonismes de classe
Sejarah semua masyarakat masa lalu telah terdiri daripada
perkembangan antagonisme kelas
antagonismes qui ont pris des formes différentes selon les
époques
antagonisme yang mengambil bentuk yang berbeza pada
zaman yang berbeza
Mais quelle que soit la forme qu'ils aient prise, un fait est
commun à tous les âges passés
Tetapi apa jua bentuk yang mereka ambil, satu fakta adalah
biasa untuk semua zaman lampau
l'exploitation d'une partie de la société par l'autre
eksploitasi satu bahagian masyarakat oleh yang lain
Il n'est donc pas étonnant que la conscience sociale des âges
passés se meuve à l'intérieur de certaines formes communes
ou d'idées générales
Oleh itu, tidak hairanlah bahawa kesedaran sosial zaman
lampau bergerak dalam bentuk umum tertentu, atau idea
umum
(et ce, malgré toute la multiplicité et la variété qu'il affiche)
(dan itu walaupun semua kepelbagaian dan kepelbagaian
yang dipaparkannya)
et ceux-ci ne peuvent disparaître complètement qu'avec la
disparition totale des antagonismes de classe
dan ini tidak boleh lenyap sepenuhnya kecuali dengan
hilangnya antagonisme kelas
La révolution communiste est la rupture la plus radicale avec
les rapports de propriété traditionnels
Revolusi Komunis adalah perpecahan paling radikal dengan
hubungan harta tradisional
Il n'est donc pas étonnant que son développement implique
la rupture la plus radicale avec les idées traditionnelles
Tidak hairanlah bahawa perkembangannya melibatkan
perpecahan paling radikal dengan idea-idea tradisional

Mais finissons-en avec les objections de la bourgeoisie contre le communisme

Tetapi marilah kita selesai dengan bantahan Borjuasi terhadap Komunisme

Nous avons vu plus haut le premier pas de la révolution de la classe ouvrière

Kita telah melihat di atas langkah pertama dalam revolusi oleh kelas pekerja

Le prolétariat doit être élevé à la position de dirigeant, pour gagner la bataille de la démocratie

proletariat perlu dinaikkan ke kedudukan memerintah, untuk memenangi pertempuran demokrasi

Le prolétariat usera de sa suprématie politique pour arracher peu à peu tout le capital à la bourgeoisie

Proletariat akan menggunakan ketuanan politiknya untuk merampas, secara berperingkat, semua modal daripada Borjuasi

elle centralisera tous les instruments de production entre les mains de l'État

ia akan memusatkan semua instrumen pengeluaran di tangan Negara

En d'autres termes, le prolétariat s'est organisé en classe dominante

Dalam erti kata lain, proletariat dianjurkan sebagai kelas pemerintah

et elle augmentera le plus rapidement possible le total des forces productives

dan ia akan meningkatkan jumlah daya produktif secepat mungkin

Bien sûr, au début, cela ne peut se faire qu'au moyen d'incursions despotiques dans les droits de propriété

Sudah tentu, pada mulanya, ini tidak boleh dilaksanakan kecuali melalui pencerobohan zalim terhadap hak harta

et elle doit être réalisée dans les conditions de la production bourgeoise

dan ia perlu dicapai atas syarat-syarat pengeluaran Borjuasi

Elle est donc réalisée au moyen de mesures qui semblent économiquement insuffisantes et intenables

ia dicapai melalui langkah-langkah, oleh itu, yang kelihatan tidak mencukupi dari segi ekonomi dan tidak dapat dipertahankan

mais ces moyens, dans le cours du mouvement, se dépassent d'eux-mêmes

tetapi ini bermakna, dalam perjalanan pergerakan, mengatasi diri mereka sendiri

elles nécessitent de nouvelles incursions dans l'ancien ordre social

mereka memerlukan pencerobohan lebih lanjut ke atas tatanan sosial lama

et ils sont inévitables comme moyen de révolutionner entièrement le mode de production

dan mereka tidak dapat dielakkan sebagai cara untuk merevolusikan sepenuhnya cara pengeluaran

Ces mesures seront bien sûr différentes selon les pays

Langkah-langkah ini sudah tentu berbeza di negara yang berbeza

Néanmoins, dans les pays les plus avancés, ce qui suit sera assez généralement applicable

Namun begitu, di negara-negara yang paling maju, perkara berikut akan berlaku secara umum

1. L'abolition de la propriété foncière et l'affectation de toutes les rentes foncières à des fins publiques.

1. Pemansuhan harta tanah dan penggunaan semua sewa tanah untuk tujuan awam.

2. Un impôt sur le revenu progressif ou progressif lourd.

2. Cukai pendapatan progresif atau bergraduat yang berat.

3. Abolition de tout droit d'héritage.

3. Pemansuhan semua hak warisan.

4. Confiscation des biens de tous les émigrés et rebelles.

4. Rampasan harta semua pendatang dan pemberontak.

5. Centralisation du crédit entre les mains de l'État, au moyen d'une banque nationale à capital d'État et monopole exclusif.

5. Pemusatan kredit di tangan Negara, melalui bank negara dengan modal Negara dan monopoli eksklusif.

6. Centralisation des moyens de communication et de transport entre les mains de l'État.

6. Pemusatan alat komunikasi dan pengangkutan di tangan Negara.

7. Extension des usines et des instruments de production appartenant à l'État

7. Peluasan kilang dan instrumen pengeluaran yang dimiliki oleh Kerajaan Negeri

la mise en culture des terres incultes, et l'amélioration du sol en général d'après un plan commun.

membawa ke dalam penanaman tanah terbiar, dan penambahbaikan tanah secara amnya mengikut rancangan bersama.

8. Responsabilité égale de tous vis-à-vis du travail

8. Liabiliti yang sama semua kepada buruh

Mise en place d'armées industrielles, notamment pour l'agriculture.

Penubuhan tentera perindustrian, terutamanya untuk pertanian.

9. Combinaison de l'agriculture et des industries manufacturières

9. Gabungan pertanian dengan industri pembuatan

l'abolition progressive de la distinction entre la ville et la campagne, par une répartition plus égale de la population sur le territoire.

pemansuhan secara beransur-ansur perbezaan antara bandar dan desa, dengan pengagihan penduduk yang lebih sama rata di seluruh negara.

10. Gratuité de l'éducation pour tous les enfants dans les écoles publiques.

10. Pendidikan percuma untuk semua kanak-kanak di sekolah awam.

Abolition du travail des enfants dans les usines sous sa forme actuelle

Pemansuhan buruh kilang kanak-kanak dalam bentuknya sekarang

Combinaison de l'éducation et de la production industrielle

Gabungan pendidikan dengan pengeluaran perindustrian

Quand, au cours du développement, les distinctions de classe ont disparu

Apabila, dalam perjalanan pembangunan, perbezaan kelas telah hilang

et quand toute la production aura été concentrée entre les mains d'une vaste association de toute la nation

dan apabila semua pengeluaran telah tertumpu di tangan persatuan yang luas seluruh negara

alors la puissance publique perdra son caractère politique

maka kuasa awam akan kehilangan watak politiknya

Le pouvoir politique, proprement dit, n'est que le pouvoir organisé d'une classe pour en opprimer une autre

Kuasa politik, yang dipanggil, hanyalah kuasa tersusun satu kelas untuk menindas yang lain

Si le prolétariat, dans sa lutte contre la bourgeoisie, est contraint, par la force des choses, de s'organiser en classe

Jika proletariat semasa persaingannya dengan Borjuasi terpaksa, oleh kuasa keadaan, untuk mengatur dirinya sebagai sebuah kelas

si, par une révolution, elle se fait la classe dominante

jika, melalui revolusi, ia menjadikan dirinya kelas pemerintah

et, en tant que telle, elle balaie par la force les anciennes conditions de production

dan, oleh itu, ia menyapu secara paksa keadaan pengeluaran lama

alors, avec ces conditions, elle aura balayé les conditions d'existence des antagonismes de classes et des classes en général

maka ia akan, bersama-sama dengan syarat-syarat ini, telah
menyapu bersih syarat-syarat untuk kewujudan antagonisme
kelas dan kelas secara amnya

et aura ainsi aboli sa propre suprématie en tant que classe.

dan dengan itu akan menghapuskan ketuanannya sendiri
sebagai sebuah kelas.

**A la place de l'ancienne société bourgeoise, avec ses classes
et ses antagonismes de classes, nous aurons une association**

Sebagai ganti masyarakat Borjuasi lama, dengan kelas dan
antagonisme kelasnya, kita akan mempunyai persatuan

**une association dans laquelle le libre développement de
chacun est la condition du libre développement de tous**

persatuan di mana pembangunan bebas masing-masing
adalah syarat untuk pembangunan bebas semua

1) Le socialisme réactionnaire
1) Sosialisme Reaksioner

a) Le socialisme féodal
a) Sosialisme Feudal

les aristocraties de France et d'Angleterre avaient une position historique unique
bangsawan Perancis dan England mempunyai kedudukan sejarah yang unik

c'est devenu leur vocation d'écrire des pamphlets contre la société bourgeoise moderne
ia menjadi kerjaya mereka untuk menulis risalah menentang masyarakat Borjuasi moden

Dans la révolution française de juillet 1830 et dans l'agitation réformiste anglaise
Dalam revolusi Perancis pada Julai 1830, dan dalam pergolakan pembaharuan Inggeris

Ces aristocraties succombèrent de nouveau à l'odieux parvenu
bangsawan ini sekali lagi tunduk kepada pemula yang penuh kebencian

Dès lors, il n'était plus question d'une lutte politique sérieuse
Sejak itu, pertandingan politik yang serius sama sekali tidak boleh dipersoalkan

Tout ce qui restait possible, c'était une bataille littéraire, pas une véritable bataille
Apa yang mungkin hanyalah pertempuran sastera, bukan pertempuran sebenar

Mais même dans le domaine de la littérature, les vieux cris de la période de la restauration étaient devenus impossibles
Tetapi walaupun dalam domain kesusasteraan, tangisan lama tempoh pemulihan telah menjadi mustahil

Pour s'attirer la sympathie, l'aristocratie était obligée de perdre de vue, semble-t-il, ses propres intérêts

Untuk membangkitkan simpati, bangsawan terpaksa
kehilangan pandangan, nampaknya, kepentingan mereka
sendiri

**et ils ont été obligés de formuler leur réquisitoire contre la
bourgeoisie dans l'intérêt de la classe ouvrière exploitée**

dan mereka diwajibkan untuk merumuskan dakwaan mereka
terhadap Borjuasi demi kepentingan kelas pekerja yang
dieksploitasi

**C'est ainsi que l'aristocratie prit sa revanche en chantant des
pamphlets sur son nouveau maître**

Oleh itu, golongan bangsawan membalas dendam dengan
menyanyikan lampoon pada tuan baru mereka

**et ils prirent leur revanche en lui murmurant à l'oreille de
sinistres prophéties de catastrophe à venir**

dan mereka membalas dendam dengan membisikkan di
telinganya ramalan jahat tentang malapetaka yang akan
datang

**C'est ainsi qu'est né le socialisme féodal : moitié
lamentation, moitié moquerie**

Dengan cara ini timbul Sosialisme Feudal: separuh ratapan,
separuh lampoon

**Il sonnait comme un demi-écho du passé, et projetait une
demi-menace de l'avenir**

ia berbunyi sebagai separuh gema masa lalu, dan
mengunjurkan separuh ancaman masa depan

**parfois, par sa critique acerbe, spirituelle et incisive, il
frappait la bourgeoisie au plus profond de lui-même**

kadang-kadang, dengan kritikannya yang pahit, lucu dan
tajam, ia menyerang Borjuasi ke teras hati

**mais elle a toujours été ridicule dans son effet, par
l'incapacité totale de comprendre la marche de l'histoire
moderne**

tetapi ia sentiasa menggelikan dalam kesannya, melalui
ketidakupayaan total untuk memahami perarakan sejarah
moden

**L'aristocratie, pour rallier le peuple à elle, agitait le sac
d'aumône prolétarien en guise de bannière**
Bangsawan, untuk mengumpulkan rakyat kepada mereka,
melambai-lambaikan beg sedekah proletar di hadapan untuk
sepanduk
**Mais le peuple, toutes les fois qu'il se joignait à lui, voyait
sur son arrière-train les anciennes armoiries féodales**
Tetapi rakyat, begitu kerap menyertai mereka, melihat di
bahagian belakang mereka jata feudal lama
et ils désertèrent avec des rires bruyants et irrévérencieux
dan mereka meninggalkan dengan ketawa yang kuat dan
tidak sopan
**Une partie des légitimistes français et de la « Jeune
Angleterre » offrit ce spectacle**
Satu bahagian Legitimis Perancis dan "England Muda"
mempamerkan tontonan ini
**les féodaux ont fait remarquer que leur mode d'exploitation
était différent de celui de la bourgeoisie**
feudalis menunjukkan bahawa cara eksploitasi mereka
berbeza dengan Borjuasi
**Les féodaux oublient qu'ils ont exploité dans des
circonstances et des conditions tout à fait différentes**
Feudalis lupa bahawa mereka mengeksploitasi dalam keadaan
dan keadaan yang agak berbeza
**Et ils n'ont pas remarqué que de telles méthodes
d'exploitation sont maintenant désuètes**
dan mereka tidak perasan kaedah eksploitasi sedemikian kini
sudah lapuk
**Ils ont montré que, sous leur domination, le prolétariat
moderne n'a jamais existé**
mereka menunjukkan bahawa, di bawah pemerintahan
mereka, proletariat moden tidak pernah wujud
**mais ils oublient que la bourgeoisie moderne est le produit
nécessaire de leur propre forme de société**
tetapi mereka lupa bahawa Borjuasi moden adalah keturunan
yang diperlukan dalam bentuk masyarakat mereka sendiri

Pour le reste, ils dissimulent à peine le caractère réactionnaire de leur critique

Selebihnya, mereka hampir tidak menyembunyikan watak reaksioner kritikan mereka

Leur principale accusation contre la bourgeoisie se résume à ceci

tuduhan utama mereka terhadap Borjuasi berjumlah seperti berikut

sous le régime bourgeois, une classe sociale se développe

di bawah rejim Borjuasi, kelas sosial sedang dibangunkan

Cette classe sociale est destinée à découper de fond en comble l'ancien ordre de la société

Kelas sosial ini ditakdirkan untuk memotong akar dan bercabang susunan lama masyarakat

Ce qu'ils reprochent à la bourgeoisie, ce n'est pas tant qu'elle crée un prolétariat

Apa yang mereka kecewa dengan Borjuasi tidak begitu banyak sehingga ia mewujudkan proletariat

ce qu'ils reprochent à la bourgeoisie, c'est plutôt de créer un prolétariat révolutionnaire

apa yang mereka tegur dengan Borjuasi lebih-lebih lagi ia mewujudkan proletariat revolusioner

Dans la pratique politique, ils se joignent donc à toutes les mesures coercitives contre la classe ouvrière

Oleh itu, dalam amalan politik, mereka menyertai semua langkah paksaan terhadap kelas pekerja

Et dans la vie ordinaire, malgré leurs phrases hautaines, ils s'abaissent à ramasser les pommes d'or tombées de l'arbre de l'industrie

dan dalam kehidupan biasa, walaupun frasa mereka tinggi, mereka membungkuk untuk mengambil epal emas yang dijatuhkan dari pokok industri

et ils troquent la vérité, l'amour et l'honneur contre le commerce de la laine, du sucre de betterave et de l'eau-de-vie de pommes de terre

dan mereka menukar kebenaran, cinta, dan kehormatan untuk perdagangan dalam bulu, gula bit, dan semangat kentang

De même que le pasteur a toujours marché main dans la main avec le propriétaire foncier, il en a été de même du socialisme clérical et du socialisme féodal

Oleh kerana pendeta pernah seiring dengan tuan tanah, begitu juga dengan Sosialisme Perkeranian dengan Sosialisme Feudal

Rien n'est plus facile que de donner à l'ascétisme chrétien une teinte socialiste

Tiada yang lebih mudah daripada memberikan pertapaan Kristian warna Sosialis

Le christianisme n'a-t-il pas déclamé contre la propriété privée, contre le mariage, contre l'État ?

Bukankah agama Kristian mendakwa terhadap harta persendirian, menentang perkahwinan, terhadap Negara?

Le christianisme n'a-t-il pas prêché à la place de la charité et de la pauvreté ?

Bukankah agama Kristian berkhotbah di tempat ini, amal dan kemiskinan?

Le christianisme ne prêche-t-il pas le célibat et la mortification de la chair, de la vie monastique et de l'Église mère ?

Adakah agama Kristian tidak mengajarkan bujang dan penghinaan daging, kehidupan monastik dàn Gereja Ibu?

Le socialisme chrétien n'est que l'eau bénite avec laquelle le prêtre consacre les brûlures du cœur de l'aristocrate

Sosialisme Kristian hanyalah air suci yang dengannya imam menguduskan pembakaran hati bangsawan

b) Le socialisme petit-bourgeois
b) Sosialisme Borjuis Kecil

L'aristocratie féodale n'est pas la seule classe ruinée par la bourgeoisie
Bangsawan feudal bukan satu-satunya kelas yang dimusnahkan oleh Borjuasi
ce n'était pas la seule classe dont les conditions d'existence languissaient et périssaient dans l'atmosphère de la société bourgeoise moderne
ia bukan satu-satunya kelas yang keadaan kewujudannya terjepit dan binasa dalam suasana masyarakat Borjuasi moden
Les bourgeois médiévaux et les petits propriétaires paysans ont été les précurseurs de la bourgeoisie moderne
Burgesses zaman pertengahan dan pemilik petani kecil adalah pelopor Borjuasi moden
Dans les pays peu développés, tant au point de vue industriel que commercial, ces deux classes végètent encore côte à côte
Di negara-negara yang kurang maju, dari segi perindustrian dan komersial, kedua-dua kelas ini masih tumbuh-tumbuhan bersebelahan
et pendant ce temps, la bourgeoisie se lève à côté d'eux : industriellement, commercialement et politiquement
dan sementara itu Borjuasi bangkit di sebelah mereka: dari segi perindustrian, komersial, dan politik
Dans les pays où la civilisation moderne s'est pleinement développée, une nouvelle classe de petite bourgeoisie s'est formée
Di negara-negara di mana tamadun moden telah berkembang sepenuhnya, kelas baru Borjuasi kecil telah dibentuk
cette nouvelle classe sociale oscille entre le prolétariat et la bourgeoisie
kelas sosial baru ini berubah-ubah antara proletariat dan borjuasi

et elle se renouvelle sans cesse en tant que partie
supplémentaire de la société bourgeoise
dan ia sentiasa memperbaharui dirinya sebagai bahagian
tambahan masyarakat Borjuasi
**Cependant, les membres individuels de cette classe sont
constamment précipités dans le prolétariat**
Ahli-ahli individu kelas ini, bagaimanapun, sentiasa
dilemparkan ke dalam proletariat
**ils sont aspirés par le prolétariat par l'action de la
concurrence**
mereka disedut oleh proletariat melalui tindakan persaingan
**Au fur et à mesure que l'industrie moderne se développe, ils
voient même approcher le moment où ils disparaîtront
complètement en tant que section indépendante de la société
moderne**
Apabila industri moden berkembang, mereka juga melihat
masa yang semakin hampir, apabila mereka akan hilang
sepenuhnya sebagai bahagian bebas masyarakat moden
**ils seront remplacés, dans les manufactures, l'agriculture et
le commerce, par des surveillants, des huissiers et des
boutiquiers**
Mereka akan digantikan, dalam pembuatan, pertanian dan
perdagangan, oleh pemerhati, bailif dan tukang kedai
**Dans des pays comme la France, où les paysans représentent
bien plus de la moitié de la population**
Di negara-negara seperti Perancis, di mana petani membentuk
lebih daripada separuh daripada penduduk
**il était naturel qu'il y ait des écrivains qui se rangent du côté
du prolétariat contre la bourgeoisie**
adalah wajar bahawa terdapat penulis yang memihak kepada
proletariat menentang Borjuasi
**dans leur critique du régime bourgeois, ils utilisaient
l'étendard de la bourgeoisie paysanne et de la petite
bourgeoisie**
dalam kritikan mereka terhadap rejim Borjuasi, mereka
menggunakan standard petani dan Borjuasi kecil

et, du point de vue de ces classes intermédiaires, ils prennent le relais de la classe ouvrière

dan dari sudut kelas perantaraan ini mereka mengambil tongkat untuk kelas pekerja

C'est ainsi qu'est né le socialisme petit-bourgeois, dont Sismondi était le chef de cette école, non seulement en France, mais aussi en Angleterre

Oleh itu, timbul Sosialisme Borjuasi kecil, di mana Sismondi adalah ketua sekolah ini, bukan sahaja di Perancis tetapi juga di England

Cette école du socialisme a disséqué avec une grande acuité les contradictions des conditions de la production moderne

Sekolah Sosialisme ini membedah dengan sangat tajam percanggahan dalam keadaan pengeluaran moden

Cette école a mis à nu les excuses hypocrites des économistes

Sekolah ini mendedahkan permohonan maaf hipokrit ahli ekonomi

Cette école prouva sans conteste les effets désastreux du machinisme et de la division du travail

Sekolah ini membuktikan, tidak dapat dipertikaikan, kesan bencana jentera dan pembahagian kerja

elle prouvait la concentration du capital et de la terre entre quelques mains

ia membuktikan penumpuan modal dan tanah di beberapa tangan

elle a prouvé comment la surproduction conduit à des crises bourgeoises

ia membuktikan bagaimana pengeluaran berlebihan membawa kepada krisis Borjuasi

il soulignait la ruine inévitable de la petite bourgeoisie et des paysans

ia menunjukkan kemusnahan yang tidak dapat dielakkan daripada Borjuasi kecil dan petani

la misère du prolétariat, l'anarchie de la production, les inégalités criantes dans la répartition des richesses

kesengsaraan proletariat, anarki dalam pengeluaran, ketidaksamaan yang menangis dalam pengagihan kekayaan

Il a montré comment le système de production mène la guerre industrielle d'extermination entre les nations

Ia menunjukkan bagaimana sistem pengeluaran mengetuai perang perindustrian pemusnahan antara negara

la dissolution des vieux liens moraux, des vieilles relations familiales, des vieilles nationalités

pembubaran ikatan moral lama, hubungan keluarga lama, kewarganegaraan lama

Dans ses objectifs positifs, cependant, cette forme de socialisme aspire à réaliser l'une des deux choses suivantes

Walau bagaimanapun, dalam matlamat positifnya, bentuk Sosialisme ini bercita-cita untuk mencapai salah satu daripada dua perkara

soit elle vise à restaurer les anciens moyens de production et d'échange

sama ada ia bertujuan untuk memulihkan cara pengeluaran dan pertukaran lama

et avec les anciens moyens de production, elle rétablirait les anciens rapports de propriété et l'ancienne société

dan dengan alat pengeluaran lama ia akan memulihkan hubungan harta lama, dan masyarakat lama

ou bien elle vise à enfermer les moyens modernes de production et d'échange dans l'ancien cadre des rapports de propriété

atau ia bertujuan untuk mengecilkan cara pengeluaran dan pertukaran moden ke dalam rangka kerja lama hubungan harta

Dans un cas comme dans l'autre, elle est à la fois réactionnaire et utopique

Dalam kedua-dua kes, ia adalah reaksioner dan Utopia

Ses derniers mots sont : guildes corporatives pour la fabrication, relations patriarcales dans l'agriculture

Kata-kata terakhirnya ialah: persatuan korporat untuk pembuatan, hubungan patriarki dalam pertanian

En fin de compte, lorsque les faits historiques obstinés ont dispersé tous les effets enivrants de l'auto-tromperie

Akhirnya, apabila fakta sejarah yang degil telah menyebarkan semua kesan memabukkan penipuan diri

cette forme de socialisme se termina par un misérable accès de pitié

bentuk Sosialisme ini berakhir dengan rasa kasihan yang menyedihkan

c) Le socialisme allemand, ou « vrai »
c) Sosialisme Jerman, atau "Benar"

La littérature socialiste et communiste de France est née sous la pression d'une bourgeoisie au pouvoir
Kesusasteraan Sosialis dan Komunis Perancis berasal di bawah tekanan Borjuasi yang berkuasa

Et cette littérature était l'expression de la lutte contre ce pouvoir
dan kesusasteraan ini adalah ungkapan perjuangan menentang kuasa ini

elle a été introduite en Allemagne à une époque où la bourgeoisie venait de commencer sa lutte contre l'absolutisme féodal
ia diperkenalkan ke Jerman pada masa Borjuasi baru sahaja memulakan persaingannya dengan absolutisme feudal

Les philosophes allemands, les prétendus philosophes et les beaux esprits, s'emparèrent avidement de cette littérature
Ahli falsafah Jerman, bakal ahli falsafah, dan beaux esprit, dengan bersemangat merebut kesusasteraan ini

mais ils oubliaient que les écrits avaient émigré de France en Allemagne sans apporter avec eux les conditions sociales françaises
tetapi mereka lupa bahawa tulisan-tulisan itu berhijrah dari Perancis ke Jerman tanpa membawa keadaan sosial Perancis

Au contact des conditions sociales allemandes, cette littérature française perd toute sa signification pratique immédiate
Dalam hubungan dengan keadaan sosial Jerman, kesusasteraan Perancis ini kehilangan semua kepentingan praktikalnya yang segera

et la littérature communiste de France a pris un aspect purement littéraire dans les cercles académiques allemands
dan kesusasteraan Komunis Perancis menganggap aspek sastera semata-mata dalam kalangan akademik Jerman

Ainsi, les exigences de la première Révolution française n'étaient rien d'autre que les exigences de la « raison pratique »

Oleh itu, tuntutan Revolusi Perancis pertama tidak lebih daripada tuntutan "Alasan Praktikal"

et l'expression de la volonté de la bourgeoisie française révolutionnaire signifiait à leurs yeux la loi de la volonté pure

dan ucapan kehendak Borjuasi Perancis yang revolusioner menandakan di mata mereka undang-undang Kehendak murni

il signifiait la Volonté telle qu'elle devait être ; de la vraie Volonté humaine en général

ia menandakan Kehendak seperti yang sepatutnya; Kehendak manusia sejati secara amnya

Le monde des lettrés allemands ne consistait qu'à mettre les nouvelles idées françaises en harmonie avec leur ancienne conscience philosophique

Dunia sasterawan Jerman semata-mata terdiri daripada membawa idea-idea Perancis baru ke dalam harmoni dengan hati nurani falsafah kuno mereka

ou plutôt, ils ont annexé les idées françaises sans déserter leur propre point de vue philosophique

atau lebih tepatnya, mereka mengilhamkan idea-idea Perancis tanpa meninggalkan sudut pandangan falsafah mereka sendiri

Cette annexion s'est faite de la même manière que l'on s'approprie une langue étrangère, c'est-à-dire par la traduction

Pengilhakan ini berlaku dengan cara yang sama di mana bahasa asing diperuntukkan, iaitu, melalui terjemahan

Il est bien connu comment les moines ont écrit des vies stupides de saints catholiques sur des manuscrits

Umum mengetahui bagaimana para sami menulis kehidupan bodoh Orang Suci Katolik di atas manuskrip

les manuscrits sur lesquels les œuvres classiques de l'ancien paganisme avaient été écrites

manuskrip di mana karya-karya klasik kafir kuno telah ditulis

Les lettrés allemands ont inversé ce processus avec la littérature française profane

Sasterawan Jerman membalikkan proses ini dengan kesusasteraan Perancis yang tidak senonoh

Ils ont écrit leurs absurdités philosophiques sous l'original français

Mereka menulis karut falsafah mereka di bawah asal Perancis

Par exemple, sous la critique française des fonctions économiques de l'argent, ils ont écrit « L'aliénation de l'humanité »

Sebagai contoh, di bawah kritikan Perancis terhadap fungsi ekonomi wang, mereka menulis "Pengasingan Kemanusiaan"

au-dessous de la critique française de l'État bourgeois, ils écrivaient « détrônement de la catégorie du général »

di bawah kritikan Perancis terhadap Negara Borjuasi mereka menulis "penggulingan Kategori Jeneral"

L'introduction de ces phrases philosophiques à la fin des critiques historiques françaises qu'ils ont baptisées :

Pengenalan frasa falsafah ini di belakang kritikan sejarah Perancis yang mereka gelarkan:

« Philosophie de l'action », « Vrai socialisme », « Science allemande du socialisme », « Fondement philosophique du socialisme », etc

"Falsafah Tindakan," "Sosialisme Sejati," "Sains Sosialisme Jerman," "Asas Falsafah Sosialisme," dan sebagainya

La littérature socialiste et communiste française est ainsi complètement émasculée

Oleh itu, kesusasteraan Sosialis dan Komunis Perancis telah dikebiri sepenuhnya

entre les mains des philosophes allemands, elle cessa d'exprimer la lutte d'une classe contre l'autre

di tangan ahli falsafah Jerman ia berhenti menyatakan perjuangan satu kelas dengan yang lain

et c'est ainsi que les philosophes allemands se sentaient conscients d'avoir surmonté « l'unilatéralité française »

dan oleh itu ahli falsafah Jerman berasa sedar telah mengatasi
"berat sebelah Perancis"

Il n'avait pas à représenter de vraies exigences, mais plutôt des exigences de vérité

ia tidak perlu mewakili keperluan sebenar, sebaliknya, ia mewakili keperluan kebenaran

il n'y avait pas d'intérêt pour le prolétariat, mais plutôt pour la nature humaine

tidak ada minat dalam proletariat, sebaliknya, ada minat dalam Sifat Manusia

l'intérêt était dans l'Homme en général, qui n'appartient à aucune classe et n'a pas de réalité

minatnya adalah pada Manusia secara umum, yang tidak tergolong dalam kelas, dan tidak mempunyai realiti

un homme qui n'existe que dans le royaume brumeux de la fantaisie philosophique

seorang lelaki yang hanya wujud dalam alam berkabus fantasi falsafah

mais finalement, ce socialisme allemand d'écolier perdit aussi son innocence pédante

tetapi akhirnya budak sekolah Sosialisme Jerman ini juga kehilangan kepolosannya yang bertele-tele

la bourgeoisie allemande, et surtout la bourgeoisie prussienne, luttait contre l'aristocratie féodale

Borjuasi Jerman, dan terutamanya Borjuasi Prusia berjuang menentang bangsawan feudal

la monarchie absolue de l'Allemagne et de la Prusse était également combattue

monarki mutlak Jerman dan Prusia juga dibantah

Et à son tour, la littérature du mouvement libéral est également devenue plus sérieuse

dan seterusnya, kesusasteraan gerakan liberal juga menjadi lebih bersungguh-sungguh

L'Allemagne a eu l'occasion longtemps souhaitée par le « vrai » socialisme de se voir offrir

Peluang Jerman yang telah lama diidam-idamkan untuk Sosialisme "sejati" telah ditawarkan

l'occasion de confronter le mouvement politique aux revendications socialistes

peluang untuk menghadapi gerakan politik dengan tuntutan Sosialis

l'occasion de jeter les anathèmes traditionnels contre le libéralisme

peluang untuk melemparkan kutukan tradisional terhadap liberalisme

l'occasion d'attaquer le gouvernement représentatif et la concurrence bourgeoise

peluang untuk menyerang kerajaan perwakilan dan persaingan Borjuasi

Liberté de la presse bourgeoise, législation bourgeoise, liberté et égalité bourgeoise

Kebebasan akhbar borjuasi, perundangan borjuasi, kebebasan dan kesaksamaan borjuasi

Tout cela pourrait maintenant être critiqué dans le monde réel, plutôt que dans la fantaisie

Semua ini kini boleh dikritik di dunia nyata, dan bukannya dalam fantasi

L'aristocratie féodale et la monarchie absolue prêchaient depuis longtemps aux masses

Bangsawan feudal dan monarki mutlak telah lama berdakwah kepada orang ramai

« L'ouvrier n'a rien à perdre, et il a tout à gagner »

"Lelaki yang bekerja tidak mempunyai apa-apa untuk rugi, dan dia mempunyai segala-galanya untuk diperolehi"

le mouvement bourgeois offrait aussi une chance de se confronter à ces platitudes

gerakan Borjuasi juga menawarkan peluang untuk menghadapi kata-kata kosong ini

la critique française présupposait l'existence d'une société bourgeoise moderne

kritikan Perancis mengandaikan kewujudan masyarakat
Borjuasi moden

**Conditions économiques d'existence de la bourgeoisie et
constitution politique de la bourgeoisie**

Keadaan kewujudan ekonomi borjuasi dan perlembagaan
politik borjuasi

**les choses mêmes dont la réalisation était l'objet de la lutte
imminente en Allemagne**

perkara-perkara yang pencapaiannya menjadi objek
perjuangan yang belum selesai di Jerman

**L'écho stupide du socialisme en Allemagne a abandonné ces
objectifs juste à temps**

Gema bodoh Jerman tentang sosialisme meninggalkan
matlamat ini hanya dalam masa yang singkat

**Les gouvernements absolus avaient leur suite de pasteurs,
de professeurs, d'écuyers de campagne et de fonctionnaires**

Kerajaan Mutlak mempunyai pengikut mereka daripada
pendeta, profesor, pengawal negara dan pegawai

**le gouvernement de l'époque a répondu aux soulèvements
de la classe ouvrière allemande par des coups de fouet et des
balles**

kerajaan pada masa itu menghadapi kebangkitan kelas
pekerja Jerman dengan sebatan dan peluru

**pour eux, ce socialisme était un épouvantail bienvenu contre
la bourgeoisie menaçante**

bagi mereka sosialisme ini berfungsi sebagai orang-orangan
sawah yang dialu-alukan terhadap Borjuasi yang mengancam

**et le gouvernement allemand a pu offrir un dessert sucré
après les pilules amères qu'il a distribuées**

dan kerajaan Jerman dapat menawarkan pencuci mulut manis
selepas pil pahit yang diberikannya

**ce « vrai » socialisme servait donc aux gouvernements
d'arme pour combattre la bourgeoisie allemande**

Sosialisme "Sejati" ini dengan itu berkhidmat kepada kerajaan
sebagai senjata untuk memerangi Borjuasi Jerman

et, en même temps, il représentait directement un intérêt réactionnaire ; celle des Philistins allemands

dan, pada masa yang sama, ia secara langsung mewakili kepentingan reaksioner; iaitu orang Filistin Jerman

En Allemagne, la petite bourgeoisie est la véritable base sociale de l'état de choses actuel

Di Jerman, kelas Borjuasi kecil adalah asas sosial sebenar keadaan sedia ada

une relique du XVIe siècle qui n'a cessé de surgir sous diverses formes

peninggalan abad keenam belas yang sentiasa muncul di bawah pelbagai bentuk

Conserver cette classe, c'est préserver l'état de choses existant en Allemagne

Untuk memelihara kelas ini adalah untuk mengekalkan keadaan sedia ada di Jerman

La suprématie industrielle et politique de la bourgeoisie menace la petite bourgeoisie d'une destruction certaine

Ketuanan perindustrian dan politik Borjuasi mengancam Borjuasi kecil dengan kemusnahan tertentu

d'une part, elle menace de détruire la petite bourgeoisie par la concentration du capital

di satu pihak, ia mengancam untuk memusnahkan Borjuasi kecil melalui penumpuan modal

d'autre part, la bourgeoisie menace de la détruire par l'avènement d'un prolétariat révolutionnaire

sebaliknya, Borjuasi mengancam untuk memusnahkannya melalui kebangkitan proletariat revolusioner

Le « vrai » socialisme semblait faire d'une pierre deux coups. Il s'est répandu comme une épidémie

Sosialisme "Benar" nampaknya membunuh kedua-dua burung ini dengan satu batu. Ia merebak seperti wabak

La robe de toiles d'araignées spéculatives, brodée de fleurs de rhétorique, trempée dans la rosée du sentiment maladif

Jubah sarang labah-labah spekulatif, disulam dengan bunga-bunga retorik, tenggelam dalam embun sentimen yang sakit

cette robe transcendantale dans laquelle les socialistes
allemands enveloppaient leurs tristes « vérités éternelles »
jubah transendental ini di mana Sosialis Jerman membungkus
"kebenaran abadi" mereka yang menyedihkan
tout de peau et d'os, servaient à augmenter
merveilleusement la vente de leurs marchandises auprès
d'un public aussi
semua kulit dan tulang, berfungsi untuk meningkatkan
penjualan barangan mereka di kalangan orang ramai seperti
itu
Et de son côté, le socialisme allemand reconnaissait de plus
en plus sa propre vocation
Dan di pihaknya, Sosialisme Jerman mengiktiraf, semakin
banyak, panggilannya sendiri
on l'appelait à être le représentant grandiloquent de la
petite-bourgeoisie philistine
ia dipanggil untuk menjadi wakil bombastik Filistin Borjuis
Kecil
Il proclamait que la nation allemande était la nation modèle,
et le petit philistin allemand l'homme modèle
Ia mengisytiharkan negara Jerman sebagai negara model, dan
orang Filistin kecil Jerman sebagai lelaki teladan
À chaque méchanceté de cet homme modèle, elle donnait
une interprétation socialiste cachée, plus élevée
Kepada setiap kejahatan jahat lelaki model ini, ia memberikan
tafsiran Sosialistik yang tersembunyi, lebih tinggi
cette interprétation socialiste supérieure était l'exact
contraire de son caractère réel
tafsiran Sosialistik yang lebih tinggi ini adalah bertentangan
dengan watak sebenar
Il est allé jusqu'à s'opposer directement à la tendance «
brutalement destructrice » du communisme
Ia pergi ke tahap yang melampau untuk menentang secara
langsung kecenderungan Komunisme yang "merosakkan
secara kejam"

et il proclamait son mépris suprême et impartial de toutes les luttes de classes

dan ia mengisytiharkan penghinaan tertinggi dan tidak berat sebelah terhadap semua perjuangan kelas

À de très rares exceptions près, toutes les publications dites socialistes et communistes qui circulent aujourd'hui (1847) en Allemagne appartiennent au domaine de cette littérature nauséabonde et énervante

Dengan sedikit pengecualian, semua penerbitan Sosialis dan Komunis yang kini (1847) beredar di Jerman tergolong dalam domain kesusasteraan yang busuk dan bertenaga ini

2) Le socialisme conservateur ou le socialisme bourgeois
2) Sosialisme Konservatif, atau Sosialisme Borjuasi

Une partie de la bourgeoisie est désireuse de redresser les griefs sociaux
Sebahagian daripada Borjuasi berhasrat untuk membetulkan rungutan sosial
afin d'assurer la pérennité de la société bourgeoise
untuk menjamin kewujudan berterusan masyarakat Borjuasi
C'est à cette section qu'appartiennent les économistes, les philanthropes, les humanitaires
Bahagian ini tergolong ahli ekonomi, dermawan, kemanusiaan
améliorateurs de la condition de la classe ouvrière et organisateurs de la charité
penambahbaikan keadaan kelas pekerja dan penganjur amal
membres des sociétés de prévention de la cruauté envers les animaux
Ahli Persatuan untuk Pencegahan Kekejaman terhadap Haiwan
fanatiques de la tempérance, réformateurs de toutes sortes imaginables
fanatik kesederhanaan, pembaharu lubang dan sudut dari setiap jenis yang boleh dibayangkan
Cette forme de socialisme a, d'ailleurs, été élaborée en systèmes complets
Bentuk Sosialisme ini, lebih-lebih lagi, telah diusahakan ke dalam sistem yang lengkap
On peut citer la « Philosophie de la Misère » de Proudhon comme exemple de cette forme
Kita boleh memetik "Philosophie de la Misère" Proudhon sebagai contoh bentuk ini
La bourgeoisie socialiste veut tous les avantages des conditions sociales modernes
Borjuasi Sosialistik mahukan semua kelebihan keadaan sosial moden

mais la bourgeoisie socialiste ne veut pas nécessairement des luttes et des dangers qui en résultent

tetapi Borjuasi Sosialistik tidak semestinya mahukan perjuangan dan bahaya yang terhasil

Ils désirent l'état actuel de la société, sans ses éléments révolutionnaires et désintégrateurs

Mereka menginginkan keadaan masyarakat yang sedia ada, tolak unsur-unsur revolusioner dan hancurnya

c'est-à-dire qu'ils veulent une bourgeoisie sans prolétariat

dalam erti kata lain, mereka menginginkan Borjuasi tanpa proletariat

La bourgeoisie conçoit naturellement le monde dans lequel elle est souveraine d'être la meilleure

Borjuasi secara semula jadi membayangkan dunia di mana ia adalah tertinggi untuk menjadi yang terbaik

et le socialisme bourgeois développe cette conception confortable en divers systèmes plus ou moins complets

dan Sosialisme Borjuasi mengembangkan konsep yang selesa ini ke dalam pelbagai sistem yang lebih kurang lengkap

ils voudraient beaucoup que le prolétariat marche droit dans la Nouvelle Jérusalem sociale

mereka sangat mahu proletariat berarak terus ke Baitulmaqdis Baru yang sosial

Mais en réalité, elle exige du prolétariat qu'il reste dans les limites de la société existante

tetapi pada hakikatnya ia memerlukan proletariat untuk kekal dalam batas-batas masyarakat sedia ada

ils demandent au prolétariat de se débarrasser de toutes ses idées haineuses sur la bourgeoisie

mereka meminta proletariat untuk membuang semua idea kebencian mereka mengenai Borjuasi

il y a une seconde forme plus pratique, mais moins systématique, de ce socialisme

terdapat bentuk kedua yang lebih praktikal, tetapi kurang sistematik, Sosialisme ini

Cette forme de socialisme cherchait à déprécier tout
mouvement révolutionnaire aux yeux de la classe ouvrière
Bentuk sosialisme ini berusaha untuk merendahkan setiap
gerakan revolusioner di mata kelas pekerja
Ils soutiennent qu'aucune simple réforme politique ne
pourrait leur être d'un quelconque avantage
mereka berpendapat tiada pembaharuan politik semata-mata
boleh memberi kelebihan kepada mereka
Seul un changement dans les conditions matérielles
d'existence dans les relations économiques est bénéfique
hanya perubahan dalam keadaan material kewujudan dalam
hubungan ekonomi yang bermanfaat
Comme le communisme, cette forme de socialisme prône un
changement des conditions matérielles d'existence
Seperti komunisme, bentuk sosialisme ini menyokong
perubahan dalam keadaan material kewujudan
Cependant, cette forme de socialisme ne suggère nullement
l'abolition des rapports de production bourgeois
walau bagaimanapun, bentuk sosialisme ini sama sekali tidak
mencadangkan pemansuhan hubungan pengeluaran Borjuasi
l'abolition des rapports de production bourgeois ne peut se
faire que par la révolution
pemansuhan hubungan pengeluaran Borjuasi hanya boleh
dicapai melalui revolusi
Mais au lieu d'une révolution, cette forme de socialisme
suggère des réformes administratives
Tetapi bukannya revolusi, bentuk sosialisme ini
mencadangkan pembaharuan pentadbiran
et ces réformes administratives seraient fondées sur la
pérennité de ces relations
dan pembaharuan pentadbiran ini akan berdasarkan
kewujudan berterusan hubungan ini
réformes qui n'affectent en rien les rapports entre le capital
et le travail
pembaharuan, oleh itu, yang tidak menjejaskan hubungan
antara modal dan buruh

au mieux, de telles réformes réduisent le coût et simplifient le travail administratif du gouvernement bourgeois

paling baik, pembaharuan sedemikian mengurangkan kos dan memudahkan kerja pentadbiran kerajaan Borjuasi

Le socialisme bourgeois atteint une expression adéquate lorsque, et seulement lorsque, il devient une simple figure de style

Sosialisme Borjuis mencapai ekspresi yang mencukupi, apabila, dan hanya apabila, ia menjadi kiasan semata-mata

Le libre-échange : au profit de la classe ouvrière

Perdagangan bebas: untuk kepentingan kelas pekerja

Les devoirs protecteurs : au profit de la classe ouvrière

Tugas perlindungan: untuk kepentingan kelas pekerja

Réforme pénitentiaire : au profit de la classe ouvrière

Pembaharuan Penjara: untuk kepentingan kelas pekerja

C'est le dernier mot et le seul mot sérieux du socialisme bourgeois

Ini adalah perkataan terakhir dan satu-satunya perkataan Sosialisme Borjuasi yang dimaksudkan secara serius

Elle se résume dans la phrase : la bourgeoisie est une bourgeoisie au profit de la classe ouvrière

Ia disimpulkan dalam frasa: Borjuasi adalah Borjuasi untuk kepentingan kelas pekerja

3) Socialisme et communisme utopiques critiques

3) Sosialisme dan Komunisme Kritikal-Utopia

Nous ne nous référons pas ici à la littérature qui a toujours donné la parole aux revendications du prolétariat

Di sini kita tidak merujuk kepada kesusasteraan yang sentiasa menyuarakan tuntutan proletariat

cela a été présent dans toutes les grandes révolutions modernes, comme les écrits de Babeuf et d'autres

ini telah hadir dalam setiap revolusi moden yang hebat, seperti tulisan Babeuf dan lain-lain

Les premières tentatives directes du prolétariat pour parvenir à ses propres fins échouèrent nécessairement

Percubaan langsung pertama proletariat untuk mencapai tujuannya sendiri semestinya gagal

Ces tentatives ont été faites dans des temps d'effervescence universelle, lorsque la société féodale était renversée

Percubaan ini dibuat pada masa keseronokan sejagat, apabila masyarakat feudal digulingkan

L'état alors peu développé du prolétariat a conduit à l'échec de ces tentatives

keadaan proletariat yang belum berkembang ketika itu membawa kepada percubaan itu gagal

et ils ont échoué en raison de l'absence des conditions économiques pour son émancipation

dan mereka gagal kerana ketiadaan keadaan ekonomi untuk pembebasannya

conditions qui n'avaient pas encore été produites, et qui ne pouvaient être produites que par l'époque de la bourgeoisie

keadaan yang masih belum dihasilkan, dan boleh dihasilkan oleh zaman Borjuasi yang akan datang sahaja

La littérature révolutionnaire qui accompagnait ces premiers mouvements du prolétariat avait nécessairement un caractère réactionnaire

Kesusasteraan revolusioner yang mengiringi pergerakan pertama proletariat ini semestinya mempunyai watak reaksioner

Cette littérature inculquait l'ascétisme universel et le nivellement social dans sa forme la plus grossière

Kesusasteraan ini menanamkan pertapaan sejagat dan meratakan sosial dalam bentuknya yang paling kasar

Les systèmes socialistes et communistes, proprement dits, naissent au début de la période sous-développée

Sistem Sosialis dan Komunis, yang dipanggil, wujud pada zaman awal yang belum dibangunkan

Saint-Simon, Fourier, Owen et d'autres, ont décrit la lutte entre le prolétariat et la bourgeoisie (voir section 1)

Saint-Simon, Fourier, Owen dan lain-lain, menggambarkan perjuangan antara proletariat dan Borjuasi (lihat Bahagian 1)

Les fondateurs de ces systèmes voient, en effet, les antagonismes de classe

Pengasas sistem ini melihat, sememangnya, antagonisme kelas

Ils voient aussi l'action des éléments en décomposition, dans la forme dominante de la société

mereka juga melihat tindakan unsur-unsur yang mereput, dalam bentuk masyarakat yang lazim

Mais le prolétariat, encore à ses débuts, leur offre le spectacle d'une classe sans aucune initiative historique

Tetapi proletariat, yang masih di peringkat awal, menawarkan kepada mereka tontonan kelas tanpa sebarang inisiatif sejarah

Ils voient le spectacle d'une classe sociale sans aucun mouvement politique indépendant

mereka melihat tontonan kelas sosial tanpa sebarang gerakan politik bebas

Le développement de l'antagonisme de classe va de pair avec le développement de l'industrie

Perkembangan antagonisme kelas seiring dengan perkembangan industri

La situation économique ne leur offre donc pas encore les conditions matérielles de l'émancipation du prolétariat

Oleh itu, keadaan ekonomi belum lagi menawarkan kepada mereka syarat-syarat material untuk pembebasan proletariat

Ils cherchent donc une nouvelle science sociale, de nouvelles lois sociales, qui doivent créer ces conditions

Oleh itu, mereka mencari sains sosial baru, selepas undang-undang sosial baru, yang akan mewujudkan syarat-syarat ini

l'action historique, c'est céder à leur action inventive personnelle

tindakan sejarah adalah untuk tunduk kepada tindakan inventif peribadi mereka

Les conditions d'émancipation créées historiquement doivent céder la place à des conditions fantastiques

Keadaan pembebasan yang dicipta secara sejarah adalah untuk tunduk kepada keadaan yang hebat

et l'organisation de classe graduelle et spontanée du prolétariat doit céder la place à l'organisation de la société

dan organisasi kelas proletariat yang beransur-ansur dan spontan adalah untuk tunduk kepada organisasi masyarakat

l'organisation de la société spécialement conçue par ces inventeurs

organisasi masyarakat yang direka khas oleh pencipta-pencipta ini

L'histoire future se résout, à leurs yeux, dans la propagande et l'exécution pratique de leurs projets sociaux

Sejarah masa depan menyelesaikan dirinya sendiri, di mata mereka, ke dalam propaganda dan pelaksanaan praktikal rancangan sosial mereka

Dans l'élaboration de leurs plans, ils ont conscience de s'occuper avant tout des intérêts de la classe ouvrière

Dalam pembentukan rancangan mereka, mereka sedar untuk menjaga kepentingan kelas pekerja

Ce n'est que du point de vue d'être la classe la plus souffrante que le prolétariat existe pour eux

Hanya dari sudut pandangan sebagai kelas yang paling menderita, proletariat wujud untuk mereka

L'état sous-développé de la lutte des classes et leur propre environnement informent leurs opinions

Keadaan perjuangan kelas yang belum berkembang dan persekitaran mereka sendiri memaklumkan pendapat mereka

Les socialistes de ce genre se considèrent comme bien supérieurs à tous les antagonismes de classe

Sosialis seperti ini menganggap diri mereka jauh lebih unggul daripada semua antagonisme kelas

Ils veulent améliorer la condition de tous les membres de la société, même celle des plus favorisés

Mereka mahu memperbaiki keadaan setiap ahli masyarakat, walaupun yang paling digemari

Par conséquent, ils s'adressent habituellement à la société dans son ensemble, sans distinction de classe

Oleh itu, mereka biasanya merayu kepada masyarakat secara amnya, tanpa membezakan kelas

Bien plus, ils font appel à la société dans son ensemble de préférence à la classe dirigeante

tidak, mereka merayu kepada masyarakat secara amnya dengan keutamaan kepada kelas pemerintah

Pour eux, tout ce qu'il faut, c'est que les autres comprennent leur système

Bagi mereka, apa yang diperlukan ialah orang lain memahami sistem mereka

Car comment les gens peuvent-ils ne pas voir que le meilleur plan possible est le meilleur état possible de la société ?

Kerana bagaimana orang boleh gagal melihat bahawa rancangan terbaik adalah untuk keadaan masyarakat yang terbaik?

C'est pourquoi ils rejettent toute action politique, et surtout toute action révolutionnaire

Oleh itu, mereka menolak semua tindakan politik, dan terutamanya semua revolusioner

ils veulent arriver à leurs fins par des moyens pacifiques

mereka ingin mencapai tujuan mereka dengan cara yang aman

ils s'efforcent, par de petites expériences, qui sont nécessairement vouées à l'échec

mereka berusaha, dengan eksperimen kecil, yang semestinya ditakdirkan untuk gagal

et par la force de l'exemple, ils essaient d'ouvrir la voie au nouvel Évangile social

dan dengan kekuatan teladan mereka cuba membuka jalan bagi Injil sosial yang baru

De tels tableaux fantastiques de la société future, peints à une époque où le prolétariat est encore dans un état très sous-développé

Gambar-gambar hebat masyarakat masa depan, dilukis pada masa proletariat masih dalam keadaan yang sangat belum maju

et il n'a encore qu'une conception fantasmatique de sa propre position

dan ia masih mempunyai konsep fantastik tentang kedudukannya sendiri

Mais leurs premières aspirations instinctives correspondent aux aspirations du prolétariat

tetapi kerinduan naluri pertama mereka sepadan dengan kerinduan proletariat

L'un et l'autre aspirent à une reconstruction générale de la société

Kedua-duanya mendambakan pembinaan semula masyarakat secara umum

Mais ces publications socialistes et communistes contiennent aussi un élément critique

Tetapi penerbitan Sosialis dan Komunis ini juga mengandungi unsur kritikal

Ils s'attaquent à tous les principes de la société existante

Mereka menyerang setiap prinsip masyarakat sedia ada

C'est pourquoi ils sont remplis des matériaux les plus précieux pour l'illumination de la classe ouvrière

Oleh itu mereka penuh dengan bahan yang paling berharga untuk pencerahan kelas pekerja

Ils proposent l'abolition de la distinction entre la ville et la campagne, et la famille

mereka mencadangkan pemansuhan perbezaan antara bandar dan desa, dan keluarga

la suppression de l'exercice de l'industrie pour le compte des particuliers

pemansuhan menjalankan industri untuk akaun individu persendirian

et l'abolition du salariat et la proclamation de l'harmonie sociale

dan pemansuhan sistem upah dan pengisytiharan keharmonian sosial

la transformation des fonctions de l'État en une simple surveillance de la production

penukaran fungsi Negara kepada pengawasan pengeluaran semata-mata

Toutes ces propositions ne pointent que vers la disparition des antagonismes de classe

Semua cadangan ini, menunjuk semata-mata kepada hilangnya antagonisme kelas

Les antagonismes de classe ne faisaient alors que surgir

Antagonisme kelas, pada masa itu, baru sahaja muncul

Dans ces publications, ces antagonismes de classe ne sont reconnus que dans leurs formes les plus anciennes, indistinctes et indéfinies

Dalam penerbitan ini, antagonisme kelas ini diiktiraf dalam bentuk yang paling awal, tidak jelas dan tidak ditentukan sahaja

Ces propositions ont donc un caractère purement utopique

Oleh itu, cadangan ini adalah watak Utopia semata-mata

La signification du socialisme et du communisme critiques-utopiques est en relation inverse avec le développement historique

Kepentingan Sosialisme Kritikal-Utopia dan Komunisme mempunyai hubungan songsang dengan perkembangan sejarah

La lutte de classe moderne se développera et continuera à prendre une forme définitive

Perjuangan kelas moden akan berkembang dan terus mengambil bentuk yang pasti

Cette réputation fantastique du concours perdra toute valeur pratique

Kedudukan hebat daripada pertandingan ini akan kehilangan semua nilai praktikal

Ces attaques fantastiques contre les antagonismes de classe perdront toute justification théorique

Serangan hebat terhadap antagonisme kelas ini akan kehilangan semua justifikasi teori

Les initiateurs de ces systèmes étaient, à bien des égards, révolutionnaires

Pencetus sistem ini, dalam banyak aspek, revolusioner

Mais leurs disciples n'ont, dans tous les cas, formé que des sectes réactionnaires

tetapi murid-murid mereka, dalam setiap kes, membentuk mazhab reaksioner semata-mata

Ils s'en tiennent fermement aux vues originales de leurs maîtres

Mereka berpegang teguh pada pandangan asal tuan mereka

Mais ces vues s'opposent au développement historique progressif du prolétariat

Tetapi pandangan ini bertentangan dengan perkembangan sejarah progresif proletariat

Ils s'efforcent donc, et cela constamment, d'étouffer la lutte des classes

Oleh itu, mereka berusaha, dan secara konsisten, untuk mematikan perjuangan kelas

et ils s'efforcent constamment de concilier les antagonismes de classe

dan mereka secara konsisten berusaha untuk mendamaikan antagonisme kelas

Ils rêvent encore de la réalisation expérimentale de leurs utopies sociales

Mereka masih mengimpikan realisasi eksperimen Utopia sosial mereka

ils rêvent encore de fonder des « phalanstères » isolés et d'établir des « colonies d'origine »

mereka masih bermimpi untuk mengasaskan "phalansteres" terpencil dan menubuhkan "Tanah Jajahan Rumah"

ils rêvent de mettre en place une « Petite Icarie » – éditions duodecimo de la Nouvelle Jérusalem

mereka bermimpi untuk menubuhkan "Little Icaria" – edisi duodecimo Baitulmaqdis Baru

Et ils rêvent de réaliser tous ces châteaux dans les airs

dan mereka bermimpi untuk merealisasikan semua istana ini di udara

Ils sont obligés de faire appel aux sentiments et aux bourses des bourgeois

mereka terpaksa merayu kepada perasaan dan dompet borjuis

Peu à peu, ils s'enfoncent dans la catégorie des socialistes conservateurs réactionnaires décrits ci-dessus

Secara bertahap mereka tenggelam ke dalam kategori Sosialis konservatif reaksioner yang digambarkan di atas

ils ne diffèrent de ceux-ci que par une pédanterie plus systématique

Mereka berbeza daripada ini hanya dengan pedantri yang lebih sistematik

et ils diffèrent par leur croyance fanatique et superstitieuse aux effets miraculeux de leur science sociale

dan mereka berbeza dengan kepercayaan fanatik dan khurafat mereka terhadap kesan ajaib sains sosial mereka

Ils s'opposent donc violemment à toute action politique de la part de la classe ouvrière

Oleh itu, mereka menentang keras semua tindakan politik di pihak kelas pekerja

une telle action, selon eux, ne peut résulter que d'une incrédulité aveugle dans le nouvel Évangile

tindakan sedemikian, menurut mereka, hanya boleh terhasil daripada ketidakpercayaan buta kepada Injil baru

Les owénistes en Angleterre et les fouriéristes en France s'opposent respectivement aux chartistes et aux réformistes

Orang Owenit di England, dan Fourierist di Perancis, masing-masing, menentang Chartists dan "Réformistes"

Position des communistes par rapport aux divers partis d'opposition existants

Kedudukan Komunis berhubung dengan pelbagai parti pembangkang sedia ada

La section II a mis en évidence les relations des communistes avec les partis ouvriers existants

Bahagian II telah menjelaskan hubungan Komunis dengan parti-parti kelas pekerja sedia ada

comme les chartistes en Angleterre et les réformateurs agraires en Amérique

seperti Chartists di England, dan Reformis Agraria di Amerika

Les communistes luttent pour la réalisation des objectifs immédiats

Komunis berjuang untuk mencapai matlamat segera

Ils luttent pour l'application des intérêts momentanés de la classe ouvrière

mereka berjuang untuk penguatkuasaan kepentingan seketika kelas pekerja

Mais dans le mouvement politique d'aujourd'hui, ils représentent et s'occupent aussi de l'avenir de ce mouvement

Tetapi dalam pergerakan politik masa kini, mereka juga mewakili dan menjaga masa depan pergerakan itu

En France, les communistes s'allient avec les social-démocrates

Di Perancis Komunis bersekutu dengan Sosial-Demokrat

et ils se positionnent contre la bourgeoisie conservatrice et radicale

dan mereka meletakkan diri mereka menentang Borjuasi konservatif dan radikal

cependant, ils se réservent le droit d'adopter une position critique à l'égard des phrases et des illusions traditionnellement héritées de la grande Révolution

walau bagaimanapun, mereka berhak untuk mengambil kedudukan kritikal berkenaan dengan frasa dan ilusi yang secara tradisinya diturunkan daripada Revolusi besar

En Suisse, ils soutiennent les radicaux, sans perdre de vue que ce parti est composé d'éléments antagonistes

Di Switzerland mereka menyokong Radikal, tanpa melupakan hakikat bahawa parti ini terdiri daripada unsur-unsur antagonis

en partie des socialistes démocrates, au sens français du terme, en partie de la bourgeoisie radicale

sebahagiannya daripada Sosialis Demokratik, dalam erti kata Perancis, sebahagiannya daripada Borjuasi radikal

En Pologne, ils soutiennent le parti qui insiste sur la révolution agraire comme condition première de l'émancipation nationale

Di Poland mereka menyokong parti yang menegaskan revolusi agraria sebagai syarat utama untuk pembebasan negara

ce parti qui fomenta l'insurrection de Cracovie en 1846

parti yang mencetuskan pemberontakan Cracow pada tahun 1846

En Allemagne, ils luttent avec la bourgeoisie chaque fois qu'elle agit de manière révolutionnaire

Di Jerman mereka berjuang dengan Borjuasi apabila ia bertindak dengan cara yang revolusioner

contre la monarchie absolue, l'escroc féodal et la petite bourgeoisie

menentang monarki mutlak, squirearchy feudal, dan Borjuasi kecil

Mais ils ne cessent jamais, un seul instant, inculquer à la classe ouvrière une idée particulière

Tetapi mereka tidak pernah berhenti, untuk sekejap, untuk menanamkan ke dalam kelas pekerja satu idea tertentu

la reconnaissance la plus claire possible de l'antagonisme hostile entre la bourgeoisie et le prolétariat

pengiktirafan yang paling jelas tentang antagonisme bermusuhan antara Borjuasi dan proletariat

afin que les ouvriers allemands puissent immédiatement utiliser les armes dont ils disposent

supaya pekerja Jerman boleh terus menggunakan senjata yang mereka boleh gunakan

les conditions sociales et politiques que la bourgeoisie doit nécessairement introduire en même temps que sa suprématie

keadaan sosial dan politik yang semestinya diperkenalkan oleh Borjuasi bersama-sama dengan ketuanannya

la chute des classes réactionnaires en Allemagne est inévitable

kejatuhan kelas reaksioner di Jerman tidak dapat dielakkan

et alors la lutte contre la bourgeoisie elle-même peut commencer immédiatement

dan kemudian perjuangan menentang Borjuasi itu sendiri boleh segera bermula

Les communistes tournent leur attention principalement vers l'Allemagne, parce que ce pays est à la veille d'une révolution bourgeoise

Komunis mengalihkan perhatian mereka terutamanya kepada Jerman, kerana negara itu berada di malam revolusi Borjuasi

une révolution qui ne manquera pas de s'accomplir dans des conditions plus avancées de la civilisation européenne

revolusi yang pasti akan dijalankan di bawah keadaan tamadun Eropah yang lebih maju

Et elle ne manquera pas de se faire avec un prolétariat beaucoup plus développé

dan ia pasti akan dilaksanakan dengan proletariat yang jauh lebih maju

un prolétariat plus avancé que celui de l'Angleterre au XVIIe siècle, et celui de la France au XVIIIe siècle

proletariat yang lebih maju daripada England pada abad ketujuh belas, dan Perancis pada abad kelapan belas

et parce que la révolution bourgeoise en Allemagne ne sera que le prélude d'une révolution prolétarienne qui suivra immédiatement

dan kerana revolusi Borjuasi di Jerman akan menjadi permulaan kepada revolusi proletar sejurus selepas itu

Bref, partout les communistes soutiennent tout mouvement révolutionnaire contre l'ordre social et politique existant

Pendek kata, Komunis di mana-mana menyokong setiap gerakan revolusioner menentang susunan sosial dan politik yang sedia ada

Dans tous ces mouvements, ils mettent au premier plan, comme la question maîtresse de chacun d'eux, la question de la propriété

Dalam semua pergerakan ini mereka membawa ke hadapan, sebagai persoalan utama dalam setiap persoalan, persoalan harta

quel que soit son degré de développement dans ce pays à ce moment-là

Tidak kira apa tahap pembangunannya di negara itu pada masa itu

Enfin, ils œuvrent partout pour l'union et l'accord des partis démocratiques de tous les pays

Akhirnya, mereka bekerja di mana-mana untuk kesatuan dan persetujuan parti demokrasi semua negara

Les communistes dédaignent de dissimuler leurs vues et leurs objectifs

Komunis menghina untuk menyembunyikan pandangan dan matlamat mereka

Ils déclarent ouvertement que leurs fins ne peuvent être atteintes que par le renversement par la force de toutes les conditions sociales existantes

Mereka secara terbuka mengisytiharkan bahawa tujuan mereka boleh dicapai hanya dengan penggulingan paksa semua keadaan sosial yang ada

Que les classes dirigeantes tremblent devant une révolution communiste

Biarkan kelas pemerintah gemetar pada revolusi Komunis

Les prolétaires n'ont rien d'autre à perdre que leurs chaînes

Proletar tidak mempunyai apa-apa untuk hilang selain rantai mereka

Ils ont un monde à gagner

Mereka mempunyai dunia untuk menang
TRAVAILLEURS DE TOUS LES PAYS, UNISSEZ-VOUS !
LELAKI PEKERJA DARI SEMUA NEGARA, BERSATU!

www.ingramcontent.com/pod-product-compliance
Lightning Source LLC
Chambersburg PA
CBHW011736020426
42333CB00024B/2914